脉动速度

短期优势时代的制胜法则

WINNING INDUSTRY CONTROL IN THE AGE OF TEMPORARY ADVANTAGE

CLOCKSPEED

前沿

查尔斯·费恩（Charles Fine） 著
徐凯歌 译

中国人民大学出版社
·北京·

致我的妻子温迪!

推荐序

在湍流中寻找航向

戚聿东

北京师范大学经济与工商管理学院院长、教授

在技术革命与产业变革交织的新时代，人工智能的迅猛发展正以前所未有的速度重塑全球经济格局。从 ChatGPT 的横空出世到 DeepSeek 的全球爆红，从通用人工智能的"春秋战国"到 AI for Science 的"创新者的解答"，技术奇点的加速临近催生了新一轮的"脉动速度"——这一概念不仅象征着技术迭代的指数级增长，更揭示了数字经济时代竞争逻辑的根本性转变。技术的颠覆、竞争的全球化、消费者需求的瞬息万变，让企业如同置身于一场永不停歇的飓风中，当今的商业世界正以史无

前例的速度迭代。曾经的"百年老店"可能一夜陨落，而新兴企业也可能在短短数年内成为行业霸主。可见，人工智能时代不仅加速了行业和企业的"大洗牌"效应，也创造了国家间"大分流"的机会窗口。在此背景下，查尔斯·费恩教授的《脉动速度：短期优势时代的制胜法则》如同一盏明灯，为在大变革时代摸索的企业家和管理者提供了深刻的洞察与实用的工具。

脉动速度：重新定义竞争优势的本质

费恩教授在书中提出了一个颠覆性的观点：所有竞争优势都是暂时的。这一论断直击传统战略理论的根基。过去，企业追求"护城河"，试图通过专利、品牌或规模经济以实现基业长青。然而，在"果蝇产业"（如数字技术）的冲击下，这种思维已显落伍。书中以柯达（Kodak）的陨落为例，剖析了其固守胶片技术而忽视数码相机趋势的致命错误。柯达并非缺乏创新能力——它甚至早于对手掌握了数码相机的核心技术，但其垂直整合的基因和对短期利润的执着，最终使其在行业脉动速度骤增时无力转身，核心优势变为核心惰性，令无数人扼腕叹息。

本书的核心概念"脉动速度"是理解当今商业动态的关键之钥。费恩将"脉动速度"定义为产业演进的节奏，并拆解为三个维度：流程更新速度、产品迭代速度和组织变革速度。例如，英特尔（Intel）微处理器的生命周期以"月"计，而波音（Boeing）

747客机的技术框架却横跨数十年。这一概念不仅解释了为何微软（Microsoft）能在浏览器大战中后发制人〔通过捆绑策略快速响应网景（Netscape）的挑战〕，也警示了汽车行业正面临的"数字化颠覆"。脉动速度的差异决定了企业战略的优先级，即在快节奏领域，灵活性和预见性胜于规模。

如果说脉动速度是商业世界的自然法则，那么供应链设计则是企业主动进化的工具箱。供应链设计在本书中被视为企业的终极核心实力。费恩通过戴尔（Dell）、克莱斯勒（Chrysler）和禧玛诺（Shimano）等案例，揭示了供应链从"成本中心"到"战略资产"的跃迁逻辑——戴尔的"零库存"模式并非简单的效率优化，而是对PC行业极快脉动速度的精准适配。面对脉动速度的挑战，费恩进一步提出了更具操作性的方法论——三维并行工程（3-DCE），这一理论突破了传统"先设计产品，再优化制造"的线性思维，强调三者必须像DNA双螺旋一样紧密缠绕、协同进化，为企业的技术路线选择提供了清晰的框架。

费恩最具哲学意味的贡献，莫过于"商业双螺旋"理论。他指出，产业结构的演变遵循"垂直一体化→水平模块化→再垂直一体化"的循环，如同DNA双螺旋的旋转。这种动态平衡的思维，对今天的数字化转型尤为关键。当企业拥抱工业互联网、人工智能时，需警惕"为数字化而数字化"的陷阱。书中惠普病人监护部门的案例发人深省：其病人监护系统之所以成功，并非因为技术最先进，而是通过三维并行工程，将硬件设计、云端数据分析与医院工作流程无缝衔接。这提示我们，技术的价值不在于孤立的前沿性，而在于其与业务架构、供应链能力的同频共振。

AI 革命：脉动速度的"超新星爆发"

若说 20 世纪的商业变革是江河奔涌，那么 AI 技术的崛起则如同宇宙大爆炸，它并非单纯加速了变化，而是重构了变化的本质。ChatGPT 的用户在两个月内突破 1 亿，Stable Diffusion 让艺术创作门槛归零，自动驾驶算法的迭代周期从"年"压缩至"周"。这些现象印证了费恩的预言：当技术脉动速度突破临界点，竞争优势的半衰期将以指数级坍缩。在这个算法重构规则、数据重塑权力的时代，费恩的理论框架非但没有过时，反而成为穿透 AI 迷雾的战略透镜。

书中"果蝇产业"的隐喻在 AI 时代获得了终极诠释。以大模型领域为例，OpenAI 凭借 GPT-3 一度独占鳌头，但短短一年内，Meta 的 Llama、谷歌的 Gemini、Anthropic 的 Claude 已形成围攻之势。开源社区的崛起更让技术壁垒加速瓦解——在 Stability AI 的扩散模型生态中，一项创新可能上午刚发布，下午就被全球开发者迭代优化。这种"超竞争"状态迫使企业重新审视"护城河"的定义：当算法可以被复制、数据能够被迁移、算力逐渐商品化，真正的竞争优势或许只能以"天"为单位存在。正如费恩所言,"所有竞争优势都是暂时的",这一点在 AI 时代被演绎得淋漓尽致。

为何此书值得深读?

正如达尔文的名言:"在生命自然演化过程中,能够活下来的,既不是那些最强壮的物种,也不是那些最聪明的物种,而是那些最能适应变化的物种。"费恩以其深厚的学术积淀与跨行业洞察,为我们绘制了一幅"适者生存"的导航图。《脉动速度》的独特价值在于它超越了趋势预测的层面,提供了可操作的生存框架。在新冠疫情重塑全球供应链、地缘政治加剧产业变局的今天,书中关于"波动放大法则"和"脉动速度放大法则"的论述更具现实意义。当芯片短缺能让汽车工厂停产,当一款社交软件能颠覆传统零售,企业比任何时候都更需要理解:竞争优势的本质,已从静态壁垒转向动态适配。无论是初创企业还是百年巨头,都能从中找到属于自己的进化密码。

本书诞生于互联网勃兴的年代,却精准命中了 AI 时代的核心焦虑。费恩教授的写作兼具学术严谨性与叙事感染力,从果蝇的遗传学研究到罗马战车的轨距标准,在旁征博引中暗含智慧。本书不提供瞬时解药,而是揭示底层规律:接受"没有永恒优势"的真相,方能获得驾驭变化的自由。面对 AI 技术奇点的临近,人类真正的优势或许是在不确定中寻找模式,在混沌中发现节奏，在技术的涛声中观赏商业基因进化的潮汐。当新一轮产业革命的浪潮席卷每个角落，愿每位读者都能从中获得破浪前行的勇气，在永恒的波动中成为引领时代的弄潮儿。

目　录

第一部分　商业基因：以果蝇为师

第1章　进化抑或消亡：短期优势时代的竞争 ……… 003
　　商业果蝇 …………………………………… 005
　　脉动速度的概念 …………………………… 007
　　果蝇的第一课 ……………………………… 009
　　波音与供应商 ……………………………… 012
　　短期优势时代的竞争 ……………………… 013

第2章　果蝇的商业启示：观测脉动速度 ………… 018
　　脉动速度如何影响决策 …………………… 020
　　"光速商业" ………………………………… 024
　　脉动速度的动因：技术与竞争 …………… 029

第3章 适者生存：身处短期优势时代 ………………… 033

适应短期优势时代：柯达的案例 ………………… 039

微软的前路动荡 ………………………………… 044

第4章 生命的奥秘：掌握双螺旋的力量 ……………… 051

双螺旋背后的推动力 …………………………… 058

双螺旋结构在自行车行业中的体现 …………… 060

自行车行业：续篇 ……………………………… 067

蓄势待发，自行车行业也有"内置英特尔"？…… 069

汽车行业的双螺旋结构 ………………………… 074

汽车制造商的双螺旋策略 ……………………… 077

汽车供应商的双螺旋策略 ……………………… 080

第二部分 供应链设计：终极核心实力

第5章 链条的优先权：能力链成就企业 ……………… 087

硅图公司 ………………………………………… 095

东芝公司 ………………………………………… 097

默克公司和生物制药行业 ……………………… 100

第6章 自然法则："延伸企业"的动态性 …………… 111

法则一：波动放大法则 ………………………… 113

法则二：脉动速度放大法则 …… 120
　　供应链分级与竞争依存性 …… 123
　　应用供应链动态法则 …… 125

第7章　基因图谱：企业链条的战略评估 …… 130
　　克莱斯勒公司和猫砂 …… 130
　　绘制供应链图谱的动力 …… 132
　　克莱斯勒公司的三种供应链图谱 …… 134
　　联信公司的产品、工艺和组织脉动速度 …… 138
　　通过脉动速度分析来激活链图 …… 143

第三部分
短期优势时代的战略执行：三维并行工程

第8章　三维并行：产品、流程、供应链的同时设计 …… 155
　　把它抛到墙那边 …… 157
　　并行工程的力量 …… 159
　　三维并行工程 …… 161
　　三维架构：产品、流程和供应链 …… 163
　　供应链架构 …… 166
　　产品和供应链架构的并行设计 …… 170
　　流程架构 …… 173

并行的必要性 …………………………………………… 175
　　四个案例 ………………………………………………… 178

第9章　丰富"基因库"：自制 vs 外包 …………………… 185
　　一体化/模块化供应链对自制/外包决策的影响 … 187
　　依赖性的动态变化 ……………………………………… 189
　　核心竞争力的动态变化 ………………………………… 194
　　依赖性的分类 …………………………………………… 195
　　自制 vs 外包决策分析矩阵 …………………………… 199
　　丰田汽车的三维能力开发 ……………………………… 202

第10章　精细操控：工程师的工具包 …………………… 206
　　产品开发流程 …………………………………………… 207
　　产品开发管理工具 ……………………………………… 209
　　并行工程工具的重要性与日俱增 ……………………… 226

第11章　高脉动速度时代的基因工程：借助动态
　　　　三维并行工程塑造能力 ……………………………… 229
　　惠普的病人监护部门 …………………………………… 230
　　全球卫星通信网络的卫星 ……………………………… 240

第12章　回到果蝇：进化的压力 ………………………… 249
　　基于脉动速度的战略方法论综述 ……………………… 255

后　记　"果蝇"遍布地球时：社会制度和公共机构的

　　　　脉动速度·· 260

　　区域经济的遗传学 ······································ 261

　　大学的发展节奏 ·· 267

　　高脉动速度世界中的法律和道德 ················ 271

附　录 ·· 275

　　如何测量脉动速度？ ··································· 275

致　谢 ·· 280

第一部分
商业基因：以果蝇为师

第1章

进化抑或消亡：短期优势时代的竞争

在自然界中，物种会进化——也就是说，它们会改变，以适应新的挑战——否则就会灭绝。同样的基因法则也适用商业领域。

1995年，两位美国科学家与一位德国科学家共同荣获诺贝尔医学奖，以表彰他们在胚胎从单细胞发育为复杂个体这一过程中的杰出贡献。[1] 他们的研究揭示了身体各部分如何由一个融合了父母双方遗传信息的单细胞逐步发育而来，并被誉为解释出生缺陷形成机制的一项重大突破。[2] 为了取得这一成果，三位科学家历经数年，精心研究了数千只果蝇的数百种突变体。他

---

[1] Natalie Angier, "Scientist at Work: Christiane Nusslein-Volhard: 'The Lady of the Flies' Dives into a New Pond," *New York Times*, December 5, 1995, p.C1.

[2] Thomas Ginsburg, "Gene 'Breakthrough' Awarded Nobel: Two Americans and a German Win," *San Jose Mercury News*, October 9, 1995, p.1A.

们并非孤军奋战，在全球范围内，成千上万的科研人员同样致力于毕生研究这种看似微不足道的模式生物。①

为何选择果蝇作为研究对象？这一问题改变了我的研究方向。生物学家之所以青睐果蝇：首先，因为其基因结构与人类相似；其次，果蝇易于饲养，数百只果蝇可以在一个小容器中繁衍；最后，尽管果蝇的基因组相对复杂，但它们的繁殖周期短、进化速度快，从卵到成虫再到死亡仅需两周左右的时间。②

果蝇的应用极大地提升了研究效率。在长达40年的遗传学职业生涯中，专注于人类研究的科学家在其职业生涯结束前，通常只能收集到一两代人的数据。相比之下，由于果蝇生命周期极短，研究人员能够在10年内完成对数百代果蝇基因变化的研究。③

我称果蝇为"高脉动速度"（fast-clockspeed）物种，只因其生命周期极为短暂。相比之下，哺乳动物的脉动速度则缓慢许多，如大象和人类，它们的寿命以数十年而非数天来计算。爬行动物的脉动速度更为缓慢，比如海龟的寿命可超过一个世纪，自恐龙时代以来，它们的演化进程微乎其微。

---

① Peter A. Lawrence, *The Making of a Fly：The Genetics of Animal Design*, Cambridge：Blackwell Science Ltd., 1992, p.ix.

② Peter A. Lawrence, *The Making of a Fly：The Genetics of Animal Design*, Cambridge：Blackwell Science Ltd., 1992, p.xii.

③ Malcolm Gladwell, "The New Age of Man," *The New Yorker*, September 30, 1996, p.57.

第1章 进化抑或消亡：短期优势时代的竞争

商业果蝇

1995年秋季，我正处于一个为期7年的研究项目的第四年，这个项目探讨的是一个颇具挑战性的课题：供应链战略对竞争优势的影响。然而，由于我的研究工作集中在庞大而陈旧的金属加工行业，所以该项目的进展异常缓慢，令我痛苦不已。

当时，我提出了一个与主流思想相反的假设。那时，"企业再造"风靡一时[1]，商业理论家们对外包和裁员颇为推崇。企业管理层为了持续降低成本，纷纷将制造业务和工程业务外包。然而，我怀疑这种做法可能适得其反，导致企业丧失对其未来发展至关重要的能力。因此，我开始研究供应链设计背后的策略，从最下游的消费者一直上溯到基础研究和矿物开采等活动，以期了解供应链设计如何影响企业的绩效。

我选择的研究对象——汽车、机床和半导体设备三个行业的供应链演化速度相对缓慢，由此使我的研究进展迟缓。具体说来，底特律地区的许多客户-供应商关系可追溯至20世纪50年代，历史悠久且根深蒂固。美国机床行业中现存的几家企业与其重工业客户之间保持着稳定的长期合作关系。至于我持续关注的半导体公司英特尔，正通过实施其创新的"精确复制"

---

[1] Michael Hammer and James Champy, *Reengineering the Corporation: A Manifesto for Business Revolution*, New York: Harper Business, 1993.

制造战略，实现了产能的指数级增长。但该战略强调要与半导体设备供应商建立最稳定的合作关系。① 因此，我所研究的这些企业供应链的变化之缓慢，一如冰川移动般不易察觉。

当我了解到以果蝇为基础的研究荣获诺贝尔医学奖时，我萌生了一个新的思路：与其监测那些进展缓慢的企业供应链，何不通过找出工业界的"果蝇"来加速研究进程呢？如果生物学家能够通过研究果蝇将效率提升百倍，那么我又何尝不可？这个方向值得一试，但我应从何处寻找合适的"标本"呢？

当我再次审视英特尔——这家在我的研究范畴中进化最快的公司时，我猛然意识到此前我围绕英特尔供应链的研究选错了方向。英特尔上游的设备供应商尽量为多代半导体开发出稳健的技术解决方案，这往往需要跨越长周期。因此，所谓的"商业果蝇"并非英特尔的设备供应商。事实上，"果蝇"应该是英特尔的客户群，比如康柏和戴尔这样的个人计算机巨头。这些企业的特点是产品生命周期短，在推出新产品几个月后便迅速过时，它们似乎每天都处于生存风险之中。

我从这一发现中衍生出另一个更基本的设想——对于企业研究者而言，"果蝇企业"或许能像遗传学中卑微的果蝇一样发

---

① Michele M. Mlynarczyk, "Improving Synergy in Multi-Site Microprocessor Manufacturing: An Analysis of a Copy Exactly Approach," unpublished thesis, Massachusetts Institute of Technology, Leaders for Manufacturing Program, Cambridge, Mass., June 1995. 也可参见 Dan Gillmor, "Curb on Tweaking Made Intel Strong," *San Jose Mercury News*, August 18, 1997, p.1E.

挥同样的作用。如果真能如此，那么通过观察康柏或戴尔等公司供应链的快速演变，所汲取的经验教训可以使其他行业的企业受益。

脉动速度的概念

我开始关注其他行业，尝试观察它们各自不同的演化速度，并将其定义为行业的"脉动速度"。每个行业的演化速度各不相同，主要取决于其产品脉动速度、流程脉动速度和组织脉动速度。

例如，资讯娱乐业是商业世界中进化速度最快的"果蝇"产业之一。其产品的半衰期极短，有时甚至以小时计。以电影为例，最大的票房收益往往出现在圣诞节期间，因为此时观众人数最多，并且还可以在美国电影艺术与科学学院提名电影的年度颁奖典礼之前给人留下深刻印象。[1] 1997年12月的一个周五晚上，美国主要的几家电影制片厂和多位知名导演共同推出了总预算接近4亿美元的多部新作。据一位评论员称："这些电影的命运在周六晚上就已见分晓了。"[2]

资讯娱乐业的流程脉动速度之快同样令人惊叹，我们几乎每天都会探索新的流程和服务，将信息源源不断地传递到家庭、

---

[1] Kurt Andersen, "Auteur Gridlock," *The New Yorker*, December 8, 1997, p.35.
[2] 同[1].

办公室或移动设备。至于组织脉动速度也不遑多让，而且可以说是动荡不安——迪士尼、维亚康姆、时代华纳、鲁珀特·默多克新闻集团等媒体巨擘的竞合关系变动频繁，几乎无时无刻不在谈判、签署、封存并重新谈判……

相比之下，半导体行业的脉动速度稍慢，通常以年而非月来计量。例如，英特尔的奔腾Ⅱ微处理器系列在市场上能维持2～4年的生命周期。至于流程脉动速度，英特尔通常投资数十亿美元建造新一代微处理器超级工厂，但其使用年限仅为4年。也就是说，英特尔不但要在这一期间收回巨额的投资成本，而且要实现一定的盈利。

汽车行业的脉动速度甚至更慢，通常每4～8年才会推出一款车型。而在流程脉动速度上，投资数十亿美元的引擎或装配线预计至少要维持20年的寿命。

脉动速度最慢的行业恐怕要数飞机制造业了，其生命周期堪比海龟和加州红杉树！以波音为例，其产品的生命周期长达数十年。波音747客机推出30年后，至今仍在为公司带来可观的利润。20世纪90年代生产的波音747客机，其基本设计和生产设备与最初生产的首架波音747客机并无太大差异。又如洛克希德-马丁公司在1997年就开始设计一款军用飞机，而这款战机预计要到2008年才能投产。[1]

---

[1] Philip Shenon, "Jet Makers Preparing Bids for a Rich Pentagon Prize," *Wall Street Journal*, March 11, 1996, p.1.

第1章 进化抑或消亡：短期优势时代的竞争

果蝇的第一课

当下，电信和计算机等高科技行业正在以惊人的速度经历着变革，而某些传统行业似乎以悠闲的步伐缓步前行，几乎不受外部商业环境变化的影响。本书旨在汲取高脉动速度行业的经验，以便应用于其他企业——正如生物学家通过果蝇来研究人类。简言之，"商业果蝇"的经验对所有企业均有重要的参考价值和实际应用意义，即使是低脉动速度的企业也不例外。

20世纪末的计算机行业无疑是"果蝇"的经典代表。具体说来，这是一个著名（也可以说是备受争议）的转折点的故事。当时，IBM做出了一项致命的决定——将其个人计算机的微处理需求外包给英特尔，将其操作系统外包给微软。早在20世纪80年代初，当IBM推出第一台个人计算机时，该公司几乎代表了整个计算机行业。IBM一直以设计和生产超级复杂的主机产品的技术深度整合而自豪。然而，个人计算机使IBM面临特殊的"三维"设计挑战：除了要创造新产品和新制造流程，还要新的供应链以支持产品的制造和分销。

IBM的传统做法是将其所有环节——从产品设计、模型制作、生产到分销，都在公司内部完成。但当时为了降低成本、缩短上市时间，IBM选择了模块化的产品设计，即把重要的零部件交由英特尔和微软等供应商完成。

到 1998 年，个人计算机已经历了 7 代微处理器：8088、286、386、486、奔腾（Pentium）、奔腾-Pro 和奔腾Ⅱ。如今的 IBM 仍是一家强大、盈利丰厚且有影响力的公司，但它已远远落后于当初自己一手选用的英特尔和微软两家供应商。虽然 IBM 制定了个人计算机的标准，但该行业内的大部分利润和影响力已然落入了英特尔和微软之手。事实上，广大消费者开始更加关注"内置英特尔"（Intel Inside）标志或 Windows 计算机，而非关注组装零部件并生产最终产品的公司名称。由此可见，供应链中的权利和经济利益已经发生了转移。

IBM 将个人计算机的微处理器和操作系统外包的决定，对整个行业未来数年的格局产生了深远影响。这可作为"果蝇"带给其他企业的教训：无论身处哪个行业，在设计供应链时，都应警惕"内置英特尔"（即过度依赖特定供应商）的风险。

低脉动速度的行业同样适用这一教训，如汽车行业。从发展伊始到 20 世纪 60 年代，电子子系统在汽车行业中的角色发生了剧变。在当时，汽车电子子系统（包括控制车辆灯光、收音机、雨刮器、启动电机等）还属于次要组件，被视为核心子系统的是钢制车身。这是因为钢制车身不仅决定了车辆的外形——这是其市场接受度的关键因素（如福特的 Edsel 车型），还对车辆的结构完整性、乘坐舒适性、操控性能和制造可行性至关重要。相比之下，汽车电子子系统对设计、制造、成本或销售的影响微乎其微。

时至今日，汽车电子子系统的价值已然超越了传统钢制车

第 1 章 进化抑或消亡：短期优势时代的竞争

身，成为与其并驾齐驱的关键子系统之一。在现代汽车设计中，汽车厂商会充分考虑客户需求，而所有影响客户对车辆感知的功能都已经或即将通过电子设备来实现。这些功能包括加速、制动、转向、操控、座椅，以及通信、信息和娱乐系统。

以全球第三大汽车公司丰田汽车为例，在竞争愈发激烈的寡头垄断市场中，丰田汽车被同行企业视为最强大的竞争者。尽管丰田汽车具有几乎无法撼动的竞争优势[1]，但与福特汽车、通用汽车等竞争对手相比，它在电子组件领域的垂直整合程度要低得多。事实上，丰田汽车在电子组件和系统上已经相当依赖于电装公司（Denso）。由此引发的问题在于，丰田汽车是否会任由这种局面发展下去，从而冒着像 IBM 与英特尔那样的风险？抑或是调整其供应链战略，加强对电子组件的控制力？

受益于汽车行业相对缓慢的脉动速度，丰田汽车仍有时间思考和选择。或许有一天，消费者在选购汽车时，会看重汽车上的"Denso Inside"（内置电装）或"Bosch Inside"（内置博世）标志，而非冲压和焊接金属板的公司名称。当然，作为全球最受瞩目的公司之一，丰田汽车没有坐以待毙，目前它已经以"果蝇企业"为鉴，着手投资内部的电子组件建设。[2]

---

[1] Jim Womack, Daniel Jones, and Daniel Roos, *The Machine That Changed the World*, New York: Rawson Associates, 1990.

[2] 此信息基于丹尼尔·惠特尼（Daniel Whitney）、尼廷·乔格莱卡尔（Nitin Joglekar）和沙伦·诺瓦克（Sharon Novak）于 1994 年 6 月在麻省理工学院对丰田高管进行的访谈。也可参见 Andrew Pollack, "Move by Toyota Reported into Japanese Chip Market," *New York Times*, August 8, 1996, p.D8.

波音与供应商

波音也可作为低脉动速度的典型案例。近几十年来，波音一直专注于747、757、767和777等标志性系列飞机的研发与制造。虽说波音主导了商用飞机从设计到建造的全过程，但其遍布全球的供应商也发挥了重要作用。到20世纪90年代末，飞机的总价值已有近一半掌握在外包商手中。具体说来，4家日本主要飞机制造商——三菱重工（Mitsubishi Heavy Industries）、川崎重工（Kawasaki Heavy Industries）、石川岛播磨重工（Ishikawajima-Harima Heavy Industries）和富士重工（Fuji Heavy Industries）贡献了宽体机型40%的机身价值，这几家企业掌握了全球独一无二的专业技术。

想理解波音和这几家日本供应商之间的关系，就得回溯到几十年前。当时，波音首次尝试在日本销售飞机，为了争取日本航空公司的生意，波音同意将部分制造业务交付日本厂商，从而双方逐渐形成了重要的互相依赖关系。

合作双方促成了共赢的局面。日本买进了大量飞机，助力波音成为全球领先的商用飞机公司。与此同时，日本的制造商在合作过程中大大提升了技术能力，也增强了自身实力。[1] 尽管

---

[1] Richard J. Samuels, *Rich Nation, Strong Army: National Security and the Technological Transformation of Japan*, Ithaca: Cornell University Press, 1994.

波音高度依赖其供应商，但公司管理层认为，其系统设计和集成能力可以防止供应商群体夺走行业控制权。

在如乌龟般缓慢发展的行业中，命运的逆转和剧变不会在一夜发生。然而，本书所列举的果蝇产业应该能为波音敲响警钟，使它及早意识到"内置三菱"的潜在威胁。但由于飞机行业的脉动速度过于缓慢，因而要使管理者意识到外包所潜藏的危机实在不易——通常当后果显现时，现任管理者可能早就不在其位了。所以，脉动速度缓慢的企业应该明确指定负责监控供应商关系的人员，以免在时间的掩盖下自己对危机浑然不觉。

短期优势时代的竞争

本书的第一部分阐述了商业遗传学的基本概念，着重关注个人计算机行业和资讯娱乐业等果蝇产业的案例研究。第2章首先说明了行业的脉动速度各不相同，企业可以通过研究果蝇产业来快速汲取经验，并列举了从资讯娱乐业中得到的经验教训。第3章重点揭示了一个原理——所有优势都是暂时的。能力会被战胜，领先会被赶超，王国终会消亡。事实上，企业的脉动速度越快，其统治的时间就越短。只有在低脉动速度的行业内，优势似乎才可持续。此外，在当今世界，脉动速度正在普遍加快。

通过观察果蝇，我们可以得到产业结构动态变化的几种模式。了解这些动态变化过程有助于我们理解价值链选择的指导原则——我称之为供应链设计。此外，通过观察第 4 章产业结构演变的动态变化过程，我们可以深入了解产业的未来发展趋势。当然，没有人拥有可以窥探未来的水晶球。不过，通过观察果蝇产业，我们得以对自己的前途做出较为合理的预测。

本书第二部分的重点是供应链设计的概念。[①] 在短期优势时代，企业最重要的核心竞争力是妥善选择能力的能力。[②] 一家公司可能在产品设计、品牌营销、定制生产或大批量分销等方面拥有核心竞争力。但是，凌驾于这些能力之上的能力，莫过于判断哪些能力最具发展价值——哪些能力将成为高附加值能力，哪些能力将成为产品能力，以及这种能力可以持续多长时间。持久的成功既不会属于那些能够找到绝佳商机的公司，也不会属于那些开发出最佳专有技术的公司。相反，我们在第 5 章中会看到，最成功的企业反复斟酌的议题是：哪些能力值得投资，哪些能力应该外包；哪些能力应该培养，哪些能力应该舍弃；哪些能力将成为价值链控制的杠杆，哪些能力将由他人控制。

观察果蝇还可以给我们带来另一个启示：任何公司都不是一座孤岛。你可能认为你的公司是一个独立的个体，并由附属

---

① 我主要用"供应链"一词来指代整个链条或网络，它由为最终客户提供某种产品或服务的组织、技术和能力构成。我在第 7 章中对这三个层面进行了详细阐述。通常说来，我将"供应链"一词与"价值链"、"价值网络"或"供应网络"视为同义。

② 尽管有一些作者试图区分"竞争力"（competencies）和"能力"（capabilities）这两个术语，但我在阅读商业战略文献时发现，它们在大多数情况下是可以互换使用的，本书也继续采用这一做法。

第1章 进化抑或消亡：短期优势时代的竞争

机构提供服务——这些附属机构的集合被称为供应链。这种观点大大低估了供应链作为一个整体的重要性，也没有抓住其真正的本质。前文所述的IBM、英特尔和微软的例子，恰恰说明了供应链中价值与权利交替的事实。如今，尽管微软已占据了个人计算机操作系统的支配地位，但从比尔·盖茨仍在探寻其他方面的突破就可知道，未来信息产业的主导权很可能在供应链的其他环节。对于Windows而言，它的胜利只不过是短期竞争中短暂的一站。

供应链设计太重要了，决不能听之任之。正如基因工程已经开始缩短物种进化的过程一样，积极主动的供应链设计也将缩短并永远淘汰缓慢、渐进的产业演化过程。第6章将对此有更深入的探讨。分析果蝇产业和个别公司的案例，可以让我们更清楚地看到影响未来需求的技术和市场力量，从而设计出卓越的能力链。

企业及其供应链应该是命运共同体，是共创事业的单一有机体。我在第7章提出，应当把供应链解构为三部分：组织链、技术链和能力链。企业战略管理必须同时考虑这三者，对于个别核心能力的评估，必须在整体能力链的架构中进行。

本书第三部分的重点是执行。将新概念整合到现有的业务流程中是一件令人痛苦的事情，有时需要撕毁整个组织结构图。[①]

[①] Hammer and Champy, pp.77-79.

但是，本书提出的原则并不要求对组织进行全面彻底的革新。

我在第 8 章至第 11 章建议企业同步进行产品、流程和供应链的建设，即三维并行工程（three-dimensional concurrent engineering，3-DCE）。目前在实施二维并行工程（只开发产品和流程）的企业，其供应链的开发往往是杂乱无章的。在第 8 章中，我建议企业应充分考虑"架构"层面的战略选择，尝试同时设计产品架构、流程架构和供应链架构。

在三维并行工程中，供应链设计的精髓在于"自制/外包"的决策选择。管理者需要明确哪些是核心能力，哪些是辅助能力。有些管理者提倡全部自制，有些管理者提倡全部外包。但是，"自制/外包"的决策并非单纯的二分法问题，任何极端的策略都无法通过时间和竞争的考验。因此，我在第 9 章应用"脉动速度"的概念来评估"自制/外包"的决策选择。第 10 章继续介绍供应链决策赋能其他并行工程的方法。第 11 章以医疗监控系统与通信卫星开发为例，详述了三维并行工程思维和工具。第 12 章回顾了 20 世纪 90 年代末的个人计算机行业，观察并总结了从这一强大的商业果蝇中得到的心得，进而将前面各章的观点与方法做了总结。

后记将脉动速度的理念应用于公共部门，比如大学管理部门和区域经济发展部门等。

在本书中，我不仅提出了行业脉动速度等商业理论，还提供了具体、实用的分析和实施工具，更以大量企业案例穿插其中。本书旨在帮助管理者和企业领导人了解行业的演化过程，并指导他们在各自的发展能力上进行恰当的投资。以果蝇进化的动态过程为学习对象，不仅能使我们深入了解单个公司和整个行业的演化趋势，而且有助于规避相关风险。

商业世界中的各种力量——经济、金融、政治、社会、环境等，使得我们不可能为每一个问题提供单一的解决方案。但是，我们依然能够对企业、行业和人类的未来行为进行合理推断，并考虑在我们的生活和商业世界中脉动速度不断加快的意义。本书在这方面的探讨可能会让你感到震撼，我希望借此激发读者的创意，从而为设计和管理企业发展注入新思路。

第 2 章

果蝇的商业启示：观测脉动速度

脉动速度之于商业遗传学，就如同生命周期之于人类遗传学。

在第 1 章中，我指出各行各业的脉动速度存在显著差异。但是，脉动速度应当如何测量呢？这并非一个简单的问题。本书的附录部分对此会有进一步的说明。不过，我们可以先考虑三个子衡量标准：流程脉动速度、产品脉动速度和组织脉动速度。①

要测量制造业企业的流程脉动速度，需要观测主要设备淘汰率等指标。英特尔耗资数十亿美元的工厂将在 4 年内过时，而

---

① 这些衡量脉动速度的维度在下文首次提及：Charles Fine, "Industry Clockspeed and Competency Chain Design," *Proceedings of the 1996 Manufacturing and Service Operations Management Conference*, Dartmouth College, Hanover, N. H., June 24 - 25, 1996, pp.140 - 143.

第 2 章 果蝇的商业启示：观测脉动速度

汽车公司的工厂可以持续使用 20 年甚至更久。以福特汽车为例，其诸多工厂仍在使用 20 年前的旧设备，而且生产效率不减。相比之下，英特尔在其资产组合中并无此类老旧设施。不过，英特尔与福特汽车都有可能处于最优的状态——它们各自所处的行业不同，其流程脉动速度本就不同。

至于产品脉动速度，可以把商用飞机行业与多媒体资讯、通信和电子产业（有时被称为资讯娱乐业）进行比较。波音大约每十年会发布两种主力产品，比如 20 世纪 90 年代的波音 777 和新一代波音 737，20 世纪 80 年代的波音 757 和波音 767，20 世纪 70 年代的波音 747。相较之下，迪士尼大约每年都会推出一部新的儿童动画，比如《美女与野兽》《狮子王》《风中奇缘》《大力士》等。正如第 1 章所指出的，主要电影制片厂每年可能会推出数十部新作品，其中许多作品的艺术和经济命运将在公映后的第一个周末被决定。[1] 虽然这些产品的存续期可能很长（例如，《白雪公主》比波音 747 的历史要久远得多），但迪士尼的产品开发团队必须根据新产品推出的间隔时间来安排工作周期。上述事实表明，资讯娱乐业的产品脉动速度比商用飞机行业快得多。

1997 年，《纽约时报》的一篇文章提出了一种评估组织脉动速度的方法。该文指出：在 20 世纪 90 年代的企业界，股东激进

---

[1] Kurt Andersen, "Auteur Gridlock," *The New Yorker*, December 8, 1997, p.35.

主义的增加和缺乏耐心的公司董事会，似乎会导致上市公司首席执行官平均任期的缩短。[1] 斯坦福大学的一项研究也与此密切相关，该研究通过考察组织的重组频率来衡量组织脉动速度。[2] 该研究发现：产品脉动速度较快的行业通常也具有较快的组织脉动速度。

最后，我们还应考虑到，对于那些既无明确组织架构，又无技术性的资产，应当如何测量其脉动速度呢？分销渠道和品牌策略就是这方面的两个例子。西尔斯百货、沃尔玛和雅虎网站上的广告，在创设过程中可能存在不同的脉动速度。同样，就品牌的建立而言，可口可乐或汰渍（Tide）等品牌的口碑可能经过数十年才得以形成，并具有相当的持久性。而土星（Saturn）、雷克萨斯（Lexus）和尤格（Yugo）等汽车品牌，却在很短的时间内建立了强大的品牌形象。

脉动速度如何影响决策

果蝇与海龟之间，或者说脉动速度快与慢的企业之间，最显著的差异在于决策时限的长短。海龟拥有这样的优势：它们

---

[1] Steve Lohr, "Leashes Get Shorter for Executives," *New York Times*, July 18, 1997, p.C1.
[2] Haim Mendelson and Ravindran R. Pillai, "Industry Clockspeed: Measurement and Operational Implications," *Manufacturing and Service Operations Management* (forthcoming, 1999).

第2章 果蝇的商业启示：观测脉动速度

有足够的余地去思考各类选择，在深思熟虑和付诸行动之间有着大把的时间。

在20世纪70年代，当波音开始通过其波音747大型客机赚取巨额利润时，一群法国、德国、英国和西班牙的企业，凭借其获得的大量政府补贴，合资组建了空中客车，用以制造并销售大型商用客机。这场竞争使洛克希德公司（Lockheed）和麦道公司（McDonnell Douglas）退出了商用飞机市场，只留下了波音和空中客车这两个胜利者。[1]

波音在大型客机领域处于垄断地位，这是其始终保持领先优势的一大原因。多年来，空中客车和波音都讨论过各自或联合研发一种600座超大型客机的可能性，该机型将一举超越拥有400多个座位的波音747。然而，一个问题是：开发和推出该机型的成本可能高达100亿美元。

波音对这一耗资巨大的项目没有太大的热情，除非空中客车做出承诺。相较之下，空中客车更有动力促成此事，但它担心若是高估了市场对这种超大型客机的需求，那么可能会导致财务上的严重损失。

1992年，波音提议：两家公司商讨合作研发超大型客机的可行性，并在其后引发了一些讨论，但在1995年无果而终，又回到了两家公司独立研发的局面。1996年，波音表示：由于潜

---

[1] "Boeing vs. Airbus," *The Economist*, July 26, 1997, pp.59 - 61.

在市场太小，将不再考虑研发和制造超大型客机。① 空中客车表示：它将继续认真研究此事。

时光荏苒，波音747仍然主宰着大型客机市场。波音之所以可以搁置其超大型客机的研发计划，是认为即使两年以后再行考虑，各种问题（如研发成本过高、市场规模有限等）仍然存在。与此同时，即使这段时间内空中客车推进了超大型客机的研发，也不会在两年内取得垄断地位。正是由于波音处于脉动速度缓慢的行业内，因此其享有暂时不做任何决定或行动的奢侈待遇——至少现在不必。

当然，若身处高脉动速度的行业，情况就截然不同了。对于果蝇来说，拖延就意味着死亡。

1994年，美国网景公司像一道闪电般闯入计算机世界的主屏幕。谁能想到，业界下一个成功的应用程序竟然是接入极客的万维网（World Wide Web）呢？短短几个月内，网景公司便免费发行了数百万份的导航者（Navigator）浏览器，并在华尔街掀起了首次公开募股的热潮。

微软的创始人、董事长兼首席执行官比尔·盖茨对此并不感到高兴。1995年，他意识到网页浏览器，尤其是网景公司的崛起，具备颠覆微软王国的潜力。很快，微软便动员其软件工程师团队，对公司所有产品进行改造，以实现与网络的兼容。

---

① "Deflating the Jumbo," *The Economist*, January 25, 1997, pp.58–59.

第 2 章　果蝇的商业启示：观测脉动速度

除此之外，微软更以开发网页浏览器为核心使命，以期能够与网景公司的导航者浏览器一较高下。此时，导航者浏览器几乎占据了100%的网络市场份额，并成为全球计算机用户和业界的宠儿。

比尔·盖茨同样深知，为了使其Internet Explorer浏览器赢得市场份额，除了自身的软件开发实力以外，还必须运用其强大的市场影响力。他的目光落在了市场上最大的在线服务提供商——美国在线（AOL）上。

最初，AOL抵制用户访问万维网的需求，并坚称其自身提供的服务已囊括了在线用户可能需要的一切。不过，当这一错误立场的恶果逐渐显现时，AOL匆忙拼凑出了自己的专有浏览器。

然而，比尔·盖茨另有打算。为了让Internet Explorer迅速渗透市场，他支付给AOL一大笔资金，并在Windows桌面上为其预留了一个令人垂涎的按钮——条件是AOL将Internet Explorer作为其独家浏览器。对于微软而言，这笔交易意味着Internet Explorer将在一夜之间成为AOL数百万用户的首选浏览器。对于AOL而言，上亿的Windows用户只需轻点鼠标，即可连接到AOL服务网。

AOL的领导者面临决策。如果决定与微软建立合作关系，那么势必会在会员人数上获得提升，并获得一些急需的资金。然而，支持Internet Explorer无疑会帮助微软消灭网景公司，从而会巩固微软在行业中的垄断地位。这意味着为自己签署一份未来的死刑执行书——未来的用户很可能更加倾向于直接从Windows桌面访问互联网，而不必先经过AOL服务网。既然微软有可能在日后成为敌人，AOL大可选择向其用户提供网景公司的导航者浏览器，这样既能增强网景公司的实力，又能坚定地踏入"抵制微软"的阵营。

然而，与波音不同，AOL及其高脉动速度的同行们并没有拖延此类决策的奢侈待遇。在很多时候，这些公司还来不及停下来仔细思考，时间就已经过去了。因此，无论结果如何，最终AOL快速决定了接受与微软合作的计划。在与果蝇有类似高脉动速度的行业中，犹豫不决如同坐以待毙，只能眼睁睁地看着竞争者呼啸而过。

"光速商业"

让我们再观察一种快速蜕变的商业果蝇，即资讯娱乐业。该行业是多媒体、资讯、通信和电子产业融合的产物。既然该行业部分依赖于光纤通信系统以光速传输信息和娱乐，不妨以"光速"来形容该行业的快速变化。[1]

---

[1] "Biography of a Killer Technology: Optoelectronics Drives Industrial Growth with the Speed of Light," by Charles Fine and Lionel Kimerling, Special Report for the Optoelectronics Industry Development Association, June 1997.

第2章 果蝇的商业启示：观测脉动速度

图 2-1 展示了资讯娱乐业的整体功能，即为客户开发和提供最终消费的资讯内容。资讯内容在该图的最右侧显示：视频/音频，如电影、新闻、体育、艺术；印刷媒体，如报纸、杂志和书籍；通信服务，包括语音、视频以及电子邮件；教育；购物及各类互联网服务——从网络聊天到图书馆服务，构成了消费者可获取的广泛资讯来源。这些资讯内容可以通过多种不同的"管道"技术传输给消费者，包括铜线和光纤电话线，有线

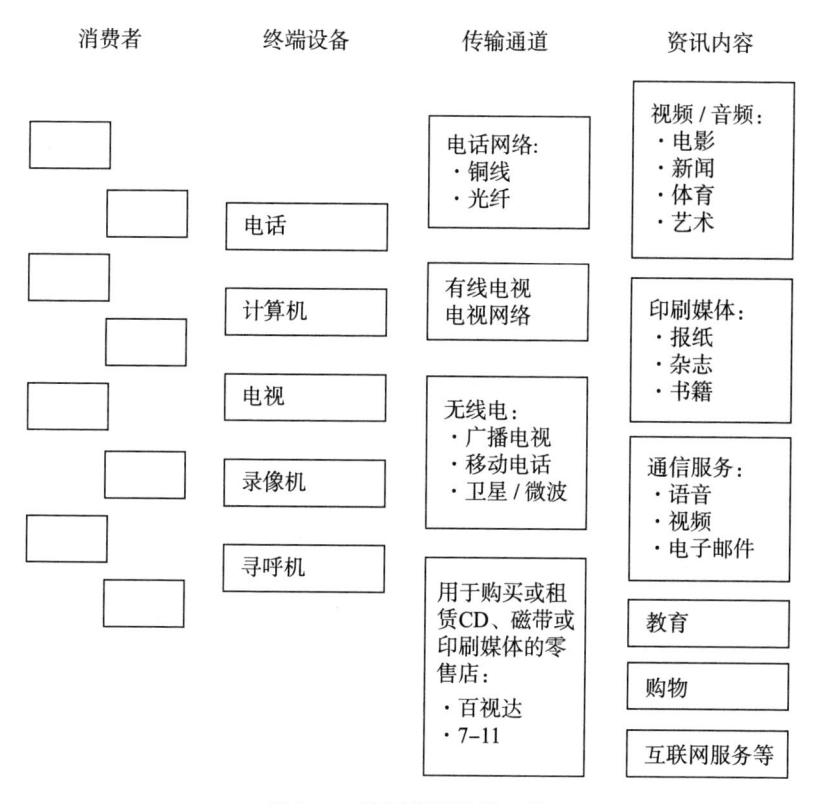

消费者	终端设备	传输通道	资讯内容
□		电话网络： ·铜线 ·光纤	视频/音频： ·电影 ·新闻 ·体育 ·艺术
□	电话		
□	计算机	有线电视 电视网络	印刷媒体： ·报纸 ·杂志 ·书籍
□	电视	无线电： ·广播电视 ·移动电话 ·卫星/微波	通信服务： ·语音 ·视频 ·电子邮件
□	录像机		
□	寻呼机	用于购买或租赁CD、磁带或印刷媒体的零售店： ·百视达 ·7-11	教育
			购物
			互联网服务等

图 2-1 资讯娱乐业供应链

电视网络，经销商所出售或租赁的光碟、磁带或印刷物，以及广播电视、移动电话和卫星/微波系统在内的多种无线电技术。这些"管道"可以将内容传递到各种不同类型的终端设备，如电视（连同录像机）、计算机、电话、寻呼机以及即将上市的多种混合设备。随后，消费者从所选用的终端设备中获得资讯内容，这一过程通常由独立于硬件而开发的"盒装软件"来支持。

你能否在这一行业中找出使自己处于主导地位的供应链设计策略？我们可以发现一些有趣的案例，如1995年迪士尼收购美国广播公司、1996年微软与美国全国广播公司合作[①]，以及其在1997年以10亿美元投资美国第四大有线电视运营商康卡斯特。其他案例还包括时代华纳涉足杂志和有线电视，维亚康姆控制有线电视、百视达视频和派拉蒙影业，更有众多电话服务商附带提供互联网接入服务。事实上，20世纪90年代末期的资讯娱乐业供应链似乎处于垂直整合的激进投资时期。[②]

我认为，这一系列活动背后的共同策略可被描述为对冲。要对冲什么？可能很多参与者相信，在这个庞大而复杂的行业丛林中，隐藏着一笔财富——当然不是字面意义上的财富，而是某些恰当定位的公司或企业家获取类似微软的利润的机会。对冲的出现是因为很少有参与者能够自信地预测哪个领域（资

[①] "The Comeback of Cable TV," *Fortune*, July 7, 1997, p.27.
[②] "There's No Business Like Show Business," *Fortune*, June 22, 1998, pp.86-104.

讯、传输或是接收设备)最有可能提供这笔财富,更不用说选择哪个人或公司最有可能成功。

或许在接收设备领域,一些公司会想出市场接受度高的多功能产品,它们既易于上手又可获得丰富资讯。这对消费者非常有吸引力,因而传输服务商和资讯提供商不得不遵循该设备供应商所设定的标准及规则。也可能是传输业中的某家公司研发出全球通用的连接方式,能够提供无障碍接入、高带宽、智能切换和双向互动,这将使其在信息传输领域占据主导地位,从而使所有的设备供应商和资讯提供商都必须遵循由传输服务商设定的标准及规则。又或者,某个资讯提供商将会推出一套跨越各个领域的极具吸引力的信息包,进而掌控整个供应链……当然,以上各种情形出现的可能性不尽相同(无论是从技术还是商业上),但整个系统内的不确定性相当高,这足以驱使产业链的各环节发生巨额的对冲投资。

那么,我们可以从这个果蝇的例子中学到什么呢?我归纳了以下四点:

第一,高脉动速度和高不确定性的行业往往会产生对冲策略。因此,将所有的赌注均押在单一的发展模式上通常风险过大。我们将在第4章再次看到这种对冲现象。在那里,我们将看到汽车供应领域的脉动速度正在迅速提高。

第二,即使在高脉动速度的行业中,绝大部分经济价值也是由众多独立组织、技术和服务构成的复杂链条传递给终端消费者的。一种获利策略是设法控制整个供应链，比如迪士尼和微软就表现出了明显的攻击性。

第三，一直作为零部件供应商和产业链主导者可能并非好策略。从20世纪80年代中期到90年代中期，微软作为零部件供应商大获成功。随后，它转变策略，试图通过涉足产业链中越来越多的环节来成为产业链主导者。这一动态过程将在第4章详细说明。

第四，即使你对产业链没有控制权，也可以通过供应关键零部件来盈利。资讯娱乐业依赖于半导体行业和电信行业，这两个行业都经历了以"颠覆性技术"的速度提升零部件性能的过程（"颠覆性技术"是指那种能使系统性能每10年至少提升100倍的技术）。[1]

零部件供应商大多会根据特定的细分市场去选用不同的策略。例如，为计算机生产动态随机存取存储器的公司，采取的是薄利多销的市场策略，而为通信业生产高性能交换机的公司，则是寻找低销量、高利润率的细分市场。不过，在某些情况下，"高利多销"的零部件业务机会也是能够被发现的。

有两个案例可以证明这一观点。从20世纪80年代中期到90年代末的十多年间，计算机微处理器供应商英特尔尽管在行

---

[1] 参见法恩（Fine）和基墨林（Kimerling）对杀手级技术的阐述。摩尔定律是以英特尔创始人之一戈登·摩尔的名字命名的，它量化了半导体能力的指数级增长，指出半导体性能/价格每18个月翻一番，即每10年翻 $2^{(10/1.5)}$ 或100倍。

业供应链中的控制力较弱，但实现了高销量下的高利润。同样，在20世纪90年代末期的美国，光纤电缆的主要供应商朗讯科技和康宁玻璃在供应链中的控制力微乎其微，但在全球竞相为互联网时代铺设网络的过程中，它们也实现了高销量下的高利润。这三家公司证明，即使身处高脉动速度的行业，某些零部件供应商仍然保有竞争对手难以取代的优势。第6章将进一步阐明，零部件供应商处于供应链的上游，因而可能很少感受到高脉动速度的冲击。

脉动速度的动因：技术与竞争

是什么导致了高脉动速度行业中颠覆性创新的潮流？[①] 我认为主要有两个驱动因素：技术创新和竞争强度。当一个行业经历重要创新时，该行业通常会感受到整体更新换代速度的显著上升。喷气发动机对运输行业的影响就是一个例子。另一个例子就是基因组学对制药行业的影响，第5章将对此进行详细讨论。

再回到资讯娱乐业，前面提到的关键技术——半导体和光纤——共同推动了该行业脉动速度的飞速发展。在此期间，无

[①] 约瑟夫·熊彼特在下书中提出了创造性破坏的形象和理论，这显然是高脉动速度进化的近亲，见：Joseph Schumpeter, *Capitalism, Socialism, and Democracy*, New York: Harper and Kow, 1975.

论是在每个芯片的晶体管数量、单位成本的晶体管数量上,还是在数据处理速度上,集成电路的性能均表现出显著增长。[1] 类似地,近一个世纪以来,传输技术的增长率约为每10年10倍,这得益于机电技术、电子技术和微波技术的逐步改进。到了20世纪70年代末期,光纤系统的广泛采用使得传输技术的变化速度提升至"颠覆性"水平。

半导体和光纤技术在信息传输业的紧密结合,成为几乎所有其他行业的支撑技术。因此,所有行业的脉动速度都被推向了更高的水平,导致世界上各类经济活动的脉动速度出现了令人眩晕的加速。

即使在技术演进相对稳定的行业中,竞争强度的增加也可能引发行业脉动速度的上升。20世纪50年代—60年代,底特律的四大汽车制造商——通用汽车、福特汽车、克莱斯勒和美国汽车——经营着一个死气沉沉的行业,该行业在新技术的采用上落后于(或许被忽视的)欧洲同行,而在新生产方法的采用上则落后于日本同行。虽然自满情绪普遍存在,但由于四大汽车制造商在市场上几乎没有竞争对手,因而它们的盈利能力依然保持稳定。当大众汽车甲壳虫在20世纪70年代初开始占领市场时,底特律对此几乎没有反应。毕竟,小型汽车市场的利润率较低。

---

[1] 这也是摩尔定律。

第2章 果蝇的商业启示：观测脉动速度

然而，1973年的中东石油禁运永远改变了游戏规则。底特律生产的耗油量较大的汽车突然不再受到美国公众的青睐，他们开始喜欢小型汽车。日本汽车制造商抓住了这个机会，向北美消费者展示其小型高质量的日产汽车，并在美国市场上占据了一席之地。日本小型汽车的冲击极大地改变了美国汽车制造商的战略和商业模式。尽管底特律竭力重返行业中的显赫地位，然而20世纪70年代之前的独霸盛况不再。竞争可以加速产品和生产流程的发展，并促成收购行为（如奔驰与克莱斯勒的合并），也会促使企业不断寻求降低成本和改良技术之道，并设法提高市场占有率与加强产品营销。

例如，当吉普车是市场上唯一的运动型多功能车时，消费者多年来别无选择，只能接受它少有变化的造型和功能。如今，每年都有几款新的运动型多功能车进入市场，消费者可以从十几款车型中进行选择。因此，没有任何品牌（包括吉普车）能够安于现状。所有汽车制造商都感受到推出新车型和新性能的压力——频率之高令人不安，甚至窒息。简言之，汽车行业（尤其是在美国）的脉动速度因竞争压力加大而一直急剧增长。

以上实例解释了为何在20世纪90年代，众多行业的脉动速度都会以前所未有的速度增长。根据历史经验，技术创新通常只会产生地区性影响。当然，也有例外，比如美国兴建铁路之后，其带来的影响就十分广泛。其他创新也是如此，但创新通常不会同时影响全球每个角落的每个行业。然而，信息和通信技术的每一项创新都会即时扩散到世界各地。

竞争强度的增加往往呈现出地区性特征。某个行业可能会感受到竞争的加剧,但这种影响通常不会同时波及所有行业。然而,20世纪90年代的政治和经济条件改变了这一现象。在政治方面,90年代的贸易壁垒显著下降,几乎所有行业的全球化程度在同一时间大幅提升。此外,信息技术的飞速发展强化了各地域的交互,进一步加强了全球化趋势。

由此可见,技术和竞争同时且普遍地推动整体经济的脉动速度增长。这一现象的第一个后果是可持续优势概念的边缘化。所有竞争优势都是暂时的,脉动速度越快,竞争优势越短暂。为了进一步理解其中的复杂关系,下一章将研究来自两个截然不同时代的案例——柯达与微软,并探讨从中可以窥见哪些竞争优势的未来演变规律。

第 3 章

适者生存：身处短期优势时代

一个行业的脉动速度越快，该行业中企业所拥有优势的持续时间就越短。因此，企业想要生存，关键在于不断选择并适应新的优势。

在工业革命爆发前的英国农村，存在着两种舞毒蛾：一种是黑白相间的椒盐色舞毒蛾，另一种是黑色舞毒蛾。由于椒盐色舞毒蛾能轻易地与它所栖息的桦树皮融为一体，从而能够躲避鸟类的捕捉，而黑色舞毒蛾由于更容易被鸟类发现并被捕捉，因而在生存竞争中，椒盐色舞毒蛾更具生存优势，存活的数量也更多。

然而，到了19世纪，燃煤工厂和火车的出现极大地改变了环境。大量煤烟覆盖在桦树干上，使得捕食者难以看到树干上停留的黑色舞毒蛾，哪怕整个树干上布满了黑色舞毒蛾。由于躲避了捕食者的注意，黑色舞毒蛾的数量剧增，而椒盐色舞毒蛾反倒成了濒危物种。①

如果椒盐色舞毒蛾有思考能力，它们肯定会在工业革命前认为自己更具生存优势，并对自己的未来充满信心。它们可能会问：未来能出什么问题呢？

我们中的许多人可能也会问这个问题。现实中的许多人就像我们看到的舞毒蛾一样，并未认识到自己所拥有的竞争优势的暂时性。历史上，罗马帝国、体育王朝（如达拉斯牛仔队、波士顿凯尔特人队和纽约扬基队）以及亨利·福特的T型车、IBM和西尔斯百货等，都曾有过辉煌的时刻，并且认为属于自己的辉煌时刻将永远持续下去。

然而，历史告诉了我们一个绝对真理：所有竞争优势都是暂时的。无论你的企业是大是小，结构是分散还是集中，性质是公有还是私有，地理位置是在亚洲、欧洲还是美洲，技术含量是高科技的、低科技的还是没有科技的，都是如此。这是一个令人难以接受的事实，以致许多企业高管都试图通过管理来反驳这一点。

如今的商业果蝇又揭示了另一个企业生存的真理：脉动速度越快，企业竞争优势的半衰期越短。近几十年来，各种意想不到、不大可能发生的事件层出不穷，这对不同类型、处于不

---

① Monroe Strickberger, *Evolution*, Boston: Jones and Bartlett Series in Life Sciences, 1990, p.440.

同脉动速度行业中的企业都造成了冲击。例如：

- 对商业环境的冲击：当动物权利运动将矛头指向裘皮大衣时，有多少水貂农民破产了？在商业活动中，企业为控制污染和处理废物花费了多少亿美元？
- 经济冲击：1973年油价暴涨导致汽车行业市值锐减；10年后，利率进一步飙升至20%，使成千上万美元的财富消失了。
- 技术冲击：喷气式飞机的创新使螺旋桨制造商陷入困境；个人计算机的出现摧毁了文字处理公司（如王安电脑公司）和微型计算机公司（如普莱姆计算机公司）的价值。
- 来自竞争对手突破性产品和服务的冲击：联邦快递公司让许多传统的包裹递送公司倒闭。一次性尿布改变了几代父母的育儿习惯，也让许多尿布配送服务陷入困境。
- 来自新兴且占据主导地位的商业模式的冲击：沃尔玛等大型超市赶走了美国各地的夫妻店和市中心的百货商店，亚马逊则使得许多小型书店关门。

无论身处何种时代，企业管理者都必须应对这些冲击。但在过去，这些冲击往往较少出现且出现的间隔时间较长。大多数行业都以乌龟般的速度缓慢发展。因此，企业可以持续数代之久，其持续时间远比任何一位特定管理者的职业生涯都要长。当员工开始在一家企业工作时，他或她要想知道企业和行业的结构，需要耗费一生的时间。但如今，无论你是在波音或微软这样的大型企业工作，还是在互联网初创企业——如网络软件开发商马林巴公司工作，你都很难有这样的自信。

因此，企业和个人必须学会同时专注于两组截然不同的优先事项，即在利用现有能力和竞争优势的同时，有意识、有目的地构建新的能力，以应对现有能力不再提供优势的情形。因此，战略规划过程应包括对企业一系列短期优势的考量。

当然，这种方法与战略管理领域中大多数被接受的思想背道而驰。该思想强调企业必须通过建立独特的能力来锁定自己的优势，从而将竞争对手排除在外，以实现可持续的竞争优势。[1] 然而，这种锁定自己优势的解决方案是在脉动速度较慢的时代提出的。实际上，可持续优势是低脉动速度的概念，而短期优势则是一个高脉动速度的概念。[2]

在脉动速度相对较慢的行业中，通过将自己的优势或组织架构锁定，并将竞争对手排除在外，可以获得可观且持久的利润流。[3] 例如，20 世纪 70 年代的 IBM 或 20 世纪 50 年代—60 年代的通用汽车就是如此。即使在脉动速度较快的信息技术领域，一家公司也可以在一段时间内锁定自己的优势或者排除竞争对手。然而，没有人真的认为比尔·盖茨等人会安于现状太久。比尔·盖茨知道 Windows 系列产品并不像波音 747 那样具有长

---

[1] Pankaj Ghemawat, *Commitment: The Dynamic of Strategy*, New York: Free Press, 1991.

[2] Shona L. Brown and Kathleen M. Eisenhardt, *Competing on the Edge: Strategy as Structured Chaos*, Boston: Harvard Business School Press, 1998.

[3] Charles Ferguson and Charles Morris, *Computer Wars*, New York: Times Books, 1993.

第3章 适者生存：身处短期优势时代

久的生命力，因而他需要着手开发下一个产品，为下一步行动而努力。在真正高速发展的领域——比如信息和通信产业——即使是像美国电话电报公司（AT&T）这样的公司也在努力为未来的发展做打算。

光刻行业近期的动荡历史也揭示了优势的短暂性。光刻行业的生产设备对于半导体的制造至关重要。[①] 一台最先进的步进式光刻机的价格高达500多万美元，而一家半导体制造工厂可能需要一二十台这种复杂的高科技大型设备。

光刻是光线通过被称为掩模的模板中的缝隙投射到硅片上，从而在硅片表面印制集成电路的过程。早期的光刻机被称为对准器，它是将掩模直接置于硅片之上进行印制，工艺较为简单。但是，这种接触式对准方式总会存在损坏掩模或污染晶片的风险。

1973年，佳能向行业领袖卡斯帕（Kasper）发起挑战，推出了一种旨在消除这一风险的新技术——接近式光刻机，它采用一种复杂的机械装置，能将掩模与晶圆分离，并控制两者之间的间隙。

作为回应，卡斯帕生产了一款接近式光刻机的仿制品，但该公司只将这一进步视为系统中单一组件的微小改动，未能认

---

① Rebecca Henderson and Kim Clark, "Architectural Innovation: The Reconfiguration of Existing Product Technologies and the Failure of Established Firms," *Administrative Science Quarterly* 35 (1990): 9–30.

识到这项新技术的真正意义——这是一种架构上的转变，是对间隙设定机制与机器其他组件之间关系的重新思考。因此，卡斯帕的仿制品在市场上毫无竞争力。

一时间，佳能成为光刻机市场的王者，但这种局面并没有持续太久。1974年，珀金埃尔默公司（Perkin-Elmer）进入了市场，它推出了一款使用光学扫描仪将掩模图像投影到晶圆上的对准器。这款对准器的速度更快、精度更高，因而优势明显。然而，在短短几年内，就连珀金埃尔默公司也被另一家公司[即美国地球物理学公司（GCA）]取代了。GCA的新型对准器通过折射透镜投影出掩模的图像，能将图像"步进"到晶圆上。而在20世纪90年代初期，尼康推出了第二代步进式光刻机，其镜头尺寸更大，从而将GCA赶下了王座。

这一系列由赢家变为输家的案例尤其引人注目，因为在所有案例中，对新光刻产品的需求似乎都在现有公司的能力范围之内，对于领先公司来说都很容易满足。然而，从一代到下一代，领先企业即便进行渐进式的演变都无能为力，更不用说彻底变革，这使得它们无法成功适应技术进步。尽管生产这些产品的企业看似优势在握，但每一代产品的优势都是转瞬即逝的。

第3章 适者生存：身处短期优势时代

适应短期优势时代：柯达的案例

柯达是美国商界最古老的品牌之一。[1] 当柯达发明摄影胶片时，它控制着一条很长且高度一体化的价值链，包括相机、胶片、纸张、化学药剂以及化学处理过程。柯达推出了预装胶卷的相机，该相机允许摄影师在拍摄后将相机返还给公司进行冲洗处理。1888年，柯达的一条营销口号概括了它对市场的态度："你只需按下快门，剩下的交给我们"。

柯达的创始人乔治·伊士曼（George Eastman）处于一个高度垂直化的商业世界。在他的家乡，纽约的罗切斯特，人们可以购买当地生产的食物、服装甚至是汽车。[2] 在这样的高度垂直化的商业世界以及当地具有丰富本土产品供应的大环境下，乔治·伊士曼被管理一家垂直经营组织的挑战所吸引。1915年，他写信给一位朋友："坦白地说，这是世界上最多样化、最有趣的生意。它几乎涵盖了科学、艺术和工业中出现的所有问题。"[3] 可以

---

[1] Brian Black, "Eastman Kodak: A Slow-Clockspeed Player in a Fast-Clockspeed Technology?" unpublished paper, Course 15.769, Massachusetts Institute of Technology, Cambridge, Mass., 1998. 也可参见 "A Dark Kodak Moment," *Business Week*, August 4, 1997, pp.30–32.

[2] Elizabeth Brayer, *George Eastman: A Biography*, Baltimore: Johns Hopkins University Press, 1996, pp.236, 480.

[3] Steve Ditlea, "Fisher Labors to Get Kodak off the Treadmill," *Upside* 7, no.12, December 1995: 62–75.

想象，当面对挑战时，柯达是灵活且富有创新精神的。当它遇到问题时，它确实这样做了，但它采取的是一种非常封闭的方式，即倾向于依靠自身力量去解决问题，与外界的合作以及对外界的借鉴较少，并且在这种方式下，它往往只提供涵盖各个环节的整体解决方案，而缺乏更灵活的、针对局部问题的多样化应对举措。

乔治·伊士曼不仅成功定义了一个新的行业，而且近乎垄断了这一行业。这种垄断使得柯达得以获取高额利润。然而，竞争对手与外部供应商的匮乏使柯达陷入垂直结构的困境之中。相应地，其组织结构变得等级森严且官僚化严重。不仅如此，在柯达内部的业务布局方面，每个产品系列（如 Brownie、126、110、Instamatic、Instant 和盘式相机）皆是高度集成的，即柯达提供相机、胶卷、化学药剂和相纸，甚至还提供冲洗服务。在这种失衡的行业结构中，创新往往会放缓，因为几乎不存在迫使垄断者保持领先地位的压力。

这种趋势在人们喜爱 35mm 相机的热潮中被打破。在 20 世纪 80 年代，许多企业开始提供与柯达 35mm 胶卷兼容的相机。在此期间，柯达正在开发另一种完全集成的摄影系统——盘式相机及其高感光度、低分辨率的胶片。因此，当消费者明显更喜欢 35mm 相机而不是高感光度胶片时，柯达有点措手不及。然而，此时柯达仍然控制着价值链中大部分价值所在的部分——胶片。因此，人们喜爱 35mm 相机的热潮被柯达认为是增加收入的巨大来源,而不是一个警钟。在赢得相机之战后,柯达将注意力转向其他领域,一度投资于制药、化工和家用产品[如来苏尔(Lysol)和德康(D-Con)等]。

在工艺技术方面,柯达也采取了垂直/整合的方法。由于缺乏质量可靠的摄影用化学品和组件供应商,柯达开始投资于化学品、塑料、金属和光学产品。最初的"没有人能做,所以我们必须做"的理由变成了"我们可以做,所以我们会做"的心态。即使在今天,我们仍能听到柯达的老员工使用诸如"我们从地球、风和火开始"以及"从头到尾"之类的短语。在具有代表性的35mm胶片生产过程中,每一个部件包括将胶片固定在卷轴上的胶带,都是由柯达生产的。[①]

虽然柯达最初是一家脉动速度相对较快的公司,但随着两件事情的发生,其变革步伐放缓。首先,技术的成熟。虽然柯达不断开发新产品,但其早期开创的卤化银技术仍是柯达胶片业务中绝大多数利润的来源。其次,由于柯达在该领域享有近乎垄断的地位,因而它并不存在快速变革的竞争压力。无论柯达的员工做什么,他们似乎总能获得巨额利润。

但是,风向已经改变了。在数字化无处不在的时代,柯达所面临的竞争环境已大不相同。数字图像处理技术可能会受到摩尔定律的支配,而不是在相对成熟的化学领域中取得渐进式

---

① Black,p.2.

进步。与此同时，外国竞争对手，尤其是富士，已经侵蚀了柯达传统上较高的利润率和市场份额。1993年10月，乔治·费希尔（George Fisher）成为柯达有史以来第一位来自公司外部的首席执行官。

面对柯达多年的停滞不前，乔治·费希尔启动了公司的重组计划，他出售了柯达的非核心业务，并裁减了1.5万个职位。4年内，乔治·费希尔使得柯达的股价几乎翻了一番，达到94美元/股。然而，突然间，柯达的股价又开始下跌，其销售额和利润开始下滑。5个月后，柯达的股价跌至68美元/股。①

到底出了什么问题？究其原因，是日本另一数码巨头富士向柯达的宣战，造成了柯达股价的下跌。富士将胶片价格下调了50%，这大幅提高了低成本相片的后期制作能力。与此同时，富士在南卡罗来纳州建造了一座价值10亿美元的工厂来生产胶片和相纸。此外，它还在美国市场投入创纪录的资金来推广自己的产品。其尖端的胶片甚至在挑剔的专业摄影师中也赢得了市场份额。②

柯达终于意识到，自家在消费级摄影市场独霸一方的辉煌岁月已然落幕，35mm胶片的垄断地位被打破，而且再无恢复可能。为此，柯达谨慎地开发新市场，大力投资数字成像领域，借此寻找替代收入来源。在这项技术中，柯达面临着一个重要

---

① "A Dark Kodak Moment," *Business Week*, August 4, 1997, pp.30-32.
② 同①.

第3章 适者生存：身处短期优势时代

抉择：柯达应该像它在摄影领域那样，从头到尾独立开发这项技术，还是假设这项技术最终会像PC行业那样模块化？如果后者的情况得到证实，那么柯达将面临选择参与哪些组件的挑战，它希望能像自己过去在胶片领域那样掌握稀缺环节的关键，就像目前英特尔在PC领域所做的那样。

尽管我们应对伊索和他的寓言表示应有的尊重，但值得注意的是，乌龟很少赢得比赛。在商业环境中，所有竞争优势都是暂时的，组织必须要么比竞争对手发展得更快，要么会被竞争对手甩到后面。商业果蝇教会我们，今天胜利的关键在于避免对正在衰退的能力和优势过于执着，而是要追求最好的新事物。尽管这种优势是暂时的，但它会一次又一次地出现。

这就是柯达所面临的更加困难的挑战。柯达不仅必须学习并制定出一个与数字成像领域完全不同的技术供应链策略，而且必须学会在一个拥有众多竞争对手的游戏中进行竞争。这不像在与富士的35mm胶片大战中那样只有一个直接竞争对手，而像在电子行业中与英特尔、惠普、佳能、施乐、夏普、松下、索尼以及无数其他竞争对手一起竞争。

置身于高脉动速度的市场中，你不能依赖锁定策略。你必须持续不断地开发新能力，为总会出现的新机遇和即将到来的竞争做好准备。另外，你必须拥有一个足够灵活的组织结构，以便在需要时迅速做出反应。没有一家公司能保证永远屹立不倒，往往在最意想不到的时候，它就会走到尽头。

微软的前路动荡

到 20 世纪 90 年代中期，微软似乎已经牢牢占据了市场。当时，个人计算机行业几乎完全依赖于微软在 PC 操作系统方面的专有技术标准。然而，正如我们在第 2 章中看到的那样，微软被互联网浏览器和新兴的网景打了个措手不及，后者甚至威胁到传统操作系统的未来。

当然，微软对此做出了有力的回应，但在它似乎已经控制住浏览器大战之际，它却因在 PC 操作系统市场上滥用市场支配权力而遭到了来自州和联邦政府当局的严厉指控。这些事件引发了一些问题，这些问题在此前可能被认为是鲁莽的甚至是荒谬的，即微软是否遇到了一些麻烦？在我所有的研究中，我从未找到过任何与本章主题相悖的例子，即所有竞争优势都是暂时的。为什么微软会例外？

尽管微软的市场渗透率很高，但 Windows 并不是最受欢迎的操作系统。许多 PC 用户批评该公司的软件比较臃肿，并且对用户不够友好。[①] 它并没有像 Macintosh 操作系统那样获得人们的狂热追捧。如果出现一种可行的硬件-软件替代品，用户是否会继续忠于 Windows？

---

① Phillippe Kahn, "Computer Hell," *Stanford Magazine*, September-October 1997, p.86.

第3章 适者生存：身处短期优势时代

同样地，在行业内，除了英特尔，微软几乎没有真正的朋友。大多数盟友都是在被迫的情况下与微软合作的。但这是一个高度依赖技术互补的行业：没有任何一家公司是一座孤岛。如果它们有可行的替代品，这些合作伙伴是否会继续忠于微软？

在计算机行业，低端市场似乎总会吞噬高端市场：个人计算机取代了小型计算机，正如 10 年前小型计算机取代大型计算机一样。目前，微软是高端标准的代表。它能抵御来自个人数字助手和多功能手机等低端威胁对其霸权地位的挑战吗？没有人指责美国 3-Com 公司的 Palm Pilot 存在软件臃肿的问题。

另外，有理由相信微软可能会成为商业基因定律的例外——至少在短期内是这样。比尔·盖茨是一个精明的商人和无情的竞争对手。同时，他不断观察广阔的市场环境，关注工业结构的变化，识别机遇和挑战。实际上，他一直在实践商业基因定律。

此外，微软拥有庞大的可用资本，其中的大部分用于创造进一步增长的机会。当昔日的工业巨头——美国电话电报公司、IBM、通用汽车、美国无线电公司（Radio Corporation of America, RCA）和施乐——在其主导时期创造了巨额利润时，它们都慷慨地投资于研发组织——贝尔实验室、沃森实验室、通用汽车研究实验室、萨尔诺夫实验室和施乐帕洛阿图研究中心——这些研发组织都旨在为公司开发新技术，以期在未来保持它们的领先地位。在大多数情况下，这些研发组织都推出了令人惊叹的发明，比如晶体管、硬盘驱动器、低成本防抱死刹车系统、彩色电视机、基于窗口和鼠标的计算技术以及激光打印机。尽管这些公司在技术上处于领先地位，但它们在战略和运营上的失误也会导致衰落。同样地，微软也投入了大量资金用于创建微软实验室——一个旨在推动其行业前沿技术的研究和发展组织。① 人们期待着这些投资带来的技术成果的出现。当这些技术成果出现后，接下来就是管理层制定决策和执行。

公司持续生存和发展的最有力论据在于，微软的系统已成为一个庞大的信息产业（个人计算机）的关键技术标准。这一重要事实可以通过观察所有讲英语的国家的计算机键盘布局得到理解。②

所谓的 QWERTY 键盘是以顶部左列字母键的字母命名的，它是在 19 世纪为了防止打字员打字速度太快使得按键被卡住而设计的。即使后来打字机的按键几乎不会被卡住，甚至卡键现象完全消失，打字员仍然被训练使用 QWERTY 键盘，它在讲英语（以及许多其他）国家的键盘标准中一直保持不变。另一种设计是 DVORAK 简化键盘，它将最常用的键都放在键盘的

---

① Randall Stross, "Mr. Gates Builds His Brain Trust," *Fortune*, December 8, 1997, pp.84 - 100.

② Paul A. David, "Clio and the Economics of QWERTY," *American Economic Review* 75, no.2, 1985: 332 - 337; Brian Arthur, "Competing Technologies, Increasing Returns, and Lock-in by Historical Events," *Economic Journal* 99, March 1989: 116 - 131。我还参考了 Paul Krugman, *Peddling Prosperity*, New York: W. W. Norton and Company, 1994.

第3章 适者生存：身处短期优势时代

"主行"上。在其他条件相同的情况下，使用 DVORAK 键盘打字要比使用 QWERTY 键盘快得多。事实上，美国海军在 20 世纪 40 年代的一项研究得出结论：打字员切换到 DVORAK 简化键盘后取得回报的时间不会超过 10 天。[①] 然而，工业化世界中的许多国家似乎都被 QWERTY 键盘所束缚——这与你根据竞争激烈的资本主义经济所预测的结果并不完全一致。

麻省理工学院经济学家保罗·克鲁格曼（Paul Krugman）在讨论 QWERTY 键盘的经济性时指出：

> QWERTY 键盘的故事并不只是一个有趣的琐事。它就像亚当·斯密在《国富论》（*The Wealth of Nations*）中描述的制针厂一样，用一个寓言让我们以一种全新的方式思考经济学。这种不同的思考方式摒弃了市场总能引领经济走向唯一的最佳解决方案的观点；相反，它认为市场竞争的结果往往取决于历史的偶然性。[②]

再看看美国铁路轨距标准化为 4 英尺 8.5 英寸的故事。这个故事由得克萨斯大学奥斯汀分校德语系教授托马斯·奥黑尔（Thomas O'Hare）在互联网上发表。尽管此文引发了一些争议，但它与我们所探讨的标准化及经济学主题十分契合。我们通过

[①] David, p.332.
[②] Krugman, p.223.

这则"寓言"可以看到，某些影响深远的技术标准一旦制定，其地位便难以撼动，即使当初这些标准的制定纯属偶然：

> 美国铁路的标准轨距（铁轨间的距离）为 4 英尺 8.5 英寸。这是一个非常奇特的数字。为什么采用这个轨距呢？因为英国就是以这个轨距建造铁路的，而美国的铁路则是由英国移民建造的。英国人为什么要以这个轨距建造铁路呢？因为最早的铁路线路是由建造有轨电车的人建造的，而他们就是用这个轨距建造有轨电车的。那么，为什么有轨电车使用这个轨距建造呢？因为建造有轨电车的人使用的是建造马车的工具和模具，而马车使用的就是这种车轮间距。好了！那么，马车为什么要使用这种奇特的车轮间距呢？因为如果使用其他间距，马车就会在一些老旧的长途道路上损坏，而这些长途道路上的车辙就是这种间距。那么，是谁建造了使用这个车辙间距的老旧长途道路呢？欧洲最早的长途道路是由罗马帝国为罗马军团的利益而建造的，因而这些道路从那时起就被使用。至于那些车辙呢？最初的车辙是由罗马战车造成的，此后，其他人为了不破坏他们的马车，不得不按照这些车辙行驶。因为产生这些车辙的战车是为罗马帝国制造的，所以它们的轮距都一样。因此，最初的问题终于有了答案。美国铁路的标准轨距为 4 英尺 8.5 英寸，源自罗马帝国军队战车的原始规

格（军用标准）。①

标准是大多数行业在高速运转的游戏中使用的一张"万能牌"。我们有神秘的键盘标准，它经历了几十年打字机和工作站的考验；我们还有神秘的军事标准，它经历了几个世纪军用车辆的考验。然而，尽管如此，工业进化仍在继续，既因为标准，也因为标准之外的原因，但标准演进的动态遵循着不同于其他工业产品或行业的节奏。

我们的个人计算机行业与两种技术标准紧密相关——QWERTY键盘标准和Windows操作系统标准。QWERTY键盘标准和Windows操作系统标准之间最显著的经济差异是，每当有人购买QWERTY键盘时，购买者无须为使用该标准的权利支付版税。然而，在Windows操作系统上，比尔·盖茨与他的微软股票持有者可以分享每年数千万台计算机销售所带来的高达50美元/台的毛利润。比尔·盖茨和微软对一种经济标准征收"税费"，而这种标准如今与QWERTY键盘一样普遍。难怪微软似乎总能赚到大把的钱。

尽管微软所在的行业发展迅速，但标准因素仍是预测微软

---

① Achsah Nesmith, "A Long, Arduous March toward Standardization," *Smithsonian* 15, March 1985: 176ff.
内史密斯确认的标准轨距为4英尺8.5英寸，并详细记录了1886年从弗吉尼亚州到得克萨斯州的1 100多英里轨道为了符合宾夕法尼亚州铁路和北方其他铁路所遵守的标准轨距所做出的改变。

品牌影响力下滑的不确定因素。Windows还能像QWERTY键盘一样长期存在吗？或者说，它还能像罗马战车的军事标准那样长期存在吗？考虑到资讯娱乐业的复杂性以及竞争对手可能找到取代Windows的方法并获得可观的回报，所以这两者似乎都不太可能实现。

本章的结论是：所有竞争优势都是暂时的。你必须接受这一事实，然后做好准备迎接变化，并围绕它规划你的生活和策略。假若你有幸控制了业界的重要标准，千万要珍惜这种机会的锁定期，但在这种情况下也不要躺在功劳簿上。即使是铁路，也会逐渐被柏油路所取代。

第4章

生命的奥秘：掌握双螺旋的力量

1953年，两位科学家发现了生命的奥秘——双螺旋结构，即DNA的分子结构。现在看来，商业也有双螺旋结构。

1962年，詹姆斯·沃森（James Watson）和弗朗西斯·克里克（Francis Crick）因发现DNA的分子结构及其复制机制而获得诺贝尔医学奖。他们发现：每个活细胞的细胞核中都含有两条长长的平行链，在两条平行链上交替排列着磷酸和脱氧核糖单元，并且这两条平行链扭曲成双螺旋形状。在他们的著作《双螺旋》（*The Double Helix*）中，詹姆斯·沃森说，他和弗朗西斯·克里克已经发现了"生命的奥秘"。[1]

寻找企业的"分子结构"，也就是能力链，同样可以帮助我

---

[1] James D. Watson, *The Double Helix: A Personal Account of the Discovery of the Structure of DNA*, New York: Atheneum, 1968, p.197.

们理解企业的变异、进化，以及最终的生存或消亡。在商业遗传学中，产业结构在两种形态间交替循环，也呈现类似的双螺旋结构：一是以少数企业巨头为主导的垂直一体化结构；二是由众多创新者组成的水平分布结构。每个创新者都在那些因巨头消亡而留下的广阔开放市场中寻求一席之地。

商业双螺旋结构揭示了垂直一体化和水平分布的产业结构是如何决定企业或整个行业的命运的，有时甚至是国家的经济命运。某些内外部因素（如竞争对手的特殊专长、维持众多产品技术水平的压力、组织僵化等）会导致大型企业的垂直一体化结构解体，进而转向水平分布结构。此外，当产业呈现水平分布后，如果某些重要零部件供应商的实力渐增，或者某些企业力图强化自身的专有技术等，都可能导致产业结构转向垂直一体化。[1]

为了生动地观察这些动态变化的实例，让我们再次回到如果蝇演化般惊人的计算机行业发展史中。

在20世纪70年代和80年代初期，计算机行业的结构显然是垂直一体化的（见图4-1）。三家最大的公司IBM、美国数字设备公司（DEC）和惠普（HP）都是高度整合的企业。身处第二梯队的计算机制造商，如布劳斯公司（Burroughs）、Univac、NCR、数据控制公司（Control Data）和霍尼韦尔（Honeywell），通常被称为"BUNCH"。当时，这些公司都倾向于为自家的计算

---

[1] Charles Fine and Daniel Whitney, "Is the Make/Buy Decision Process a Core Competence?" working paper, Massachusetts Institute of Technology, Cambridge, Mass.

第4章 生命的奥秘：掌握双螺旋的力量

机系统提供关键组件，从操作系统、应用软件到外围设备和电子硬件，均选择自制。

	IBM	DEC	BUNCH
微处理器			
操作系统			
外围设备			
应用软件			
网络服务			
组装硬件			

图 4-1　1975—1985 年计算机行业的垂直产业结构和整体产品架构[①]

在这种情况下，产品和系统都存在集成式架构。也就是说，不同公司的系统之间几乎不具有互换性。例如，DEC 的外围设备和软件在 IBM 的机器上无法使用，反之亦然。因此，每家公司都在供应链的多个环节上保持着技术竞争力。

IBM 当时拥有巨大的市场影响力，并且利润十分丰厚。IBM 通过坚持封闭的、集成的产品架构，将现有客户"扣为人质"，客户购买的任何竞争设备都与 IBM 的机器不兼容。[②] 与此

[①] Andrew S. Grove, *Only the Paranoid Survive*, New York: Currency Doubleday, 1996, p.40.

[②] Carliss Baldwin and Kim Clark, *Design Rules: The Power of Modularity*, Cambridge, Mass.: MIT Press, 1999.

卡利斯·鲍德温和金·克拉克令人信服地指出，IBM 360 大型机及其后续产品相对于上一代产品具有高度模块化的架构。然而，由于（正如卡利斯·鲍德温和金·克拉克所讨论的）IBM 选择控制公司内部的所有子系统技术，其结果是提高了升级产品的效率，但并没有真正向竞争的供应商开放架构。因此，我对"模块化"一词的使用与卡利斯·鲍德温和金·克拉克可能称为"模块化和开放"的情形一致。

同时，IBM强调其整套系统和服务包的价值，并决心抵制那些可能对服务包的某个部分提供更好性能的竞争对手。但是，该行业瞬息万变。要想在如此广泛的技术和能力范围内保持竞争力，这是一项艰巨的任务，尤其是在IBM的市场份额正在减少，而该行业的创新步伐正在加快的情境下。

20世纪70年代末，IBM面临一个新竞争对手的挑战——新兴的苹果公司组装了一台所谓的个人计算机。按照IBM的标准，这台计算机的体积很小，但它在电子和计算机市场中吸引了越来越多经验丰富的买家的注意力。作为回应，IBM选择推出一个新的业务部门和一款自己的个人计算机。

正如我们在第1章中所看到的，IBM新成立的个人计算机部门舍弃了垂直整合和一体化产品架构，转而选择了模块化产品架构，将微处理器外包给英特尔，将操作系统外包给微软。IBM的这一突然转变在整个行业引发了一场戏剧性的变革，该行业迅速从垂直结构转变为水平结构。主导市场的产品不再是IBM计算机，而是IBM兼容计算机。模块化架构吸引了大大小小的公司加入了市场，成为供应链上的一分子，包括半导体、电路板、应用软件、外围设备、网络服务以及PC设计和组装服务。

由此可见，由一家主导厂商（如IBM）做出的关于产品/供应链的决策，足以导致产业结构发生重大转变——从垂直一体化结构（见图4-1）转变为水平模块化结构（见图4-2）。这一

第4章 生命的奥秘：掌握双螺旋的力量

转变为许多其他工业类型提供了指导。全球通用的英特尔和微软子系统，吸引了无数创业者加入了与 IBM 兼容的个人计算机行业。在图 4-2 的水平模块化结构行业中，各厂商竞争激烈，远超垂直一体化结构。

微处理器	Intel		Moto	AMD	……
操作系统	Microsoft			Apple	Unlx
外围设备	HP	Epson		Seagate	……
应用软件	Microsoft	Lotus		Novell	……
网络服务	DEC	HP	IBM	EDS	……
组装硬件	HP	Compaq	IBM	Dell	……

图 4-2　1985—1995 年计算机行业的水平产业结构和模块化产品架构①

新时代的典范之一是康柏，康柏是众多 PC "克隆制造商"中的第一家，以产品的模块化结构为蓝本，引领了行业模块化的潮流。康柏比 IBM 更加灵活和专注。它的管理者意识到，要与世界上最受尊敬和最令人畏惧的竞争对手之一展开竞争，应

---

① 此图改编自 Grove, p.42。

当具备哪些条件。通过与IBM供应商密切合作，康柏在1985年率先推出了英特尔的新款80386芯片，随后又推出了微软的第一版Windows操作系统。通过将精力和资源集中在产品开发上，而将技术开发留给供应商，康柏在各方面都比蓝色巨人IBM领先一大截。

在这个不久前还需按照大型垂直结构组织的行业中，现在出现了一系列独立的子行业——这些子行业不仅包括微处理器和操作系统，还包括外围设备、应用软件、网络服务等。在每个子行业中，都有新的企业涌现出来，这使得计算机制造商越来越容易找到合适的子系统组合。

总的来说，这种竞争的扩散对行业和计算机购买者来说都是一种良性发展，但肯定对IBM的股东是不利的，IBM的股东从1986年到1992年，在6年间看到他们的公司市值损失了约1 000亿美元。[1] 一些观察人士推测，这种水平竞争模式曾于20世纪90年代出现在电信行业。未来，这可能会成为许多行业的新工业模式。[2] 然而，进一步的考察表明，水平模块化结构可能被证明是非常不稳定的——与过去产生的垂直一体化结构一样不稳定。

为什么水平模块化结构可能只是短暂存在？让我们再看看PC行业的商业果蝇。

---

[1] Baldwin and Clark, chapter 1.
[2] Grove, p.52.

第 4 章　生命的奥秘：掌握双螺旋的力量

水平结构往往会在特定的利基市场中引发激烈的、商品化的竞争。这种竞争使参与者高度专注于企业生存。然而，随着时间的推移，市场通常会出现"洗牌"现象，更强大的玩家（比如那些在成本、质量、技术或服务等方面拥有优势的玩家）会驱逐较弱的玩家。一旦一家企业在自己的领域拥有足够的市场影响力，它就有将自己的市场影响力扩张至上下游的机会。微软和英特尔都是各自领域的主导者，它们都表现出了这种行为。英特尔的业务从微处理器拓展到主板模块的设计和组装，在原先由系统装配商，如康柏、戴尔和 IBM 控制的领域取得了重大进展。此外，英特尔每推出一代新型微处理器，就会在芯片上增加许多过去由应用软件供应商提供的功能，从而将业务拓展至相应领域。[1]

微软在个人计算机操作系统领域（PC 端）的主导地位使它能将业务拓展至应用软件、网络服务、网络浏览器、服务器操作系统和多媒体内容等领域。总之，微软看起来越来越像老牌的 IBM——它们试图在整个行业中占据越来越大的份额以取得主导地位，并在这一过程中获得垄断利润。以这种方式利用市场力量的行业与造船业一样悠久，即建造最好船只的国家也控制着最赚钱的贸易路线。微软在整个行业中进行整合的能力十

---

[1] Nitindra Joglekar, "The Technology Treadmill: Managing Product Performance and Production Ramp-Up in Fast-Paced Industries," unpublished dissertation, Massachusetts Institute of Technology, Sloan School of Management, Cambridge, Mass., 1996.

分引人注目,这既让竞争对手感到不安,也让监管机构感到担忧,因为它的市场份额非常大,而且它的信息技术也非常灵活。

双螺旋背后的推动力

图4-3展示了双螺旋的整个动态循环过程。若企业的产业结构是垂直的且产品结构是一体化的,那么企业就会受到一些因素的影响,从而向水平结构和模块化产品的方向发展。这些因素(力量)包括:

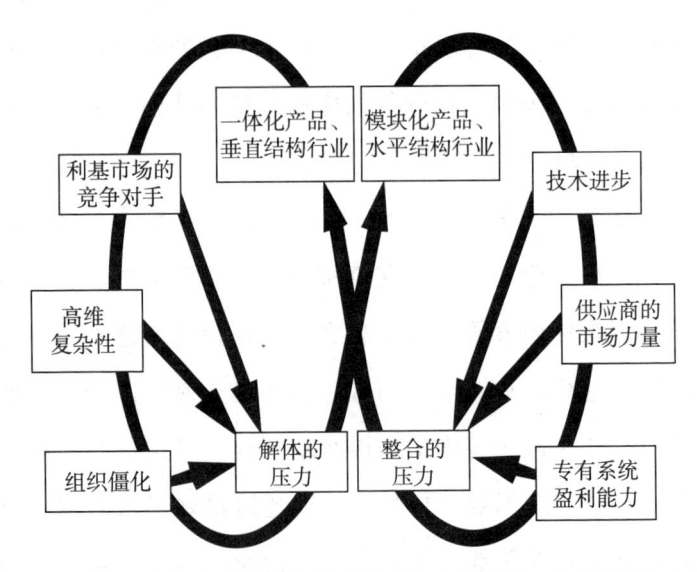

图4-3 双螺旋结构说明行业/产品结构如何从垂直一体化演变为水平模块化,并由水平模块化再转变为垂直一体化[①]

---

① Fine and Whitney, "Is the Make/Buy Decision Process a Core Competency?".

第4章 生命的奥秘：掌握双螺旋的力量

- 当利基市场不断有竞争对手进入时，这些竞争者就会瓜分利基市场的细分领域。
- 在一个集成系统中，要想在技术和市场等多个维度上保持领先，这是一个巨大的挑战。
- 大型的老牌企业常常受到官僚主义和组织僵化问题的困扰。[1]

这些力量通常会削弱大型企业的垂直结构，并向它施加压力，使其向水平模块化的结构转变。或许可以说，IBM已经历了所有这些因素的冲击：首先，来自利基市场的竞争对手的持续压力，尤其是在应用软件和外围设备领域；其次，在某些技术领域处于领先地位的竞争对手，如英特尔发明了微处理器；最后，随着IBM在20世纪80年代的巅峰时期将员工数扩大到近50万人而形成的众多官僚层级。

此外，当一个行业具有水平结构时，另一组力量会推动该行业中的企业向更为垂直整合和一体化产品架构的方向发展。这些力量包括：

（1）一个子系统的技术进步可能会使其成为所处供应链中的稀缺产品，从而赋予其所有者市场支配权。

（2）一个子系统所处的市场支配地位将鼓励它与其他子系统捆绑，进而增加它的控制力和自身价值。

---

[1] Charles Fine, Mila Getmansky, Paulo Goncalves and Nelson Repenning, "Industry and product Structure Dynamics: From Integration to Disintegration and Back," working paper, Massachusetts Institute of Technology, Sloan School, Cambridge, Mass., 1998 中提出的建模框架更严格地描述了双螺旋的动态力量。

（3）一个子系统具有的市场力量将鼓励它与其他子系统进行整合，以开发专有的一体化解决方案。

要应用双螺旋结构的力量，我们可以先参考苹果公司在个人计算机发展史中的困境。在 20 世纪 80 年代中期至晚期，苹果公司的 Macintosh 计算机在 PC 行业中具有明显的技术优势。然而，苹果公司未能意识到其计算机的主要优势在于操作系统，而不是它提供的软硬件集成包。因此，当苹果公司将卓越的操作系统与劣质的硬件捆绑销售时，与 IBM 兼容的 PC 行业在每个子系统细分市场激烈竞争的推动下，逐一实现了领先。最终，Macintosh 操作系统由于受到硬件锚点的束缚，无法与模块化且高度竞争的 PC 市场整体进步速度相匹配。如果苹果公司了解到上述产品架构和行业结构的动态性，可能就会将其产品进行拆分，进而控制现在由微软占据的主导地位。

双螺旋结构在自行车行业中的体现

自行车行业为我们提供了一个观察上述双螺旋结构的动态清晰视角。[1] 在 19 世纪中期，自行车行业属于英国、法国、德

---

[1] Judith Crown and Glenn Coleman, *No Hands: The Rise and Fall of the Schwinn Bicycle Company*, New York: Henry Holt and Company, 1996. 也可参见 Robert A. Smith, *A Social History of the Bicycle: Its Early Life and Times in America*, New York: American Heritage Press, 1972; Andrew Ritchie, *King of the Road: An Illustrated History of Cycling*, London: Wildwood House, 1975.

第4章 生命的奥秘：掌握双螺旋的力量

国和美国等地的小型、创新、一体化企业的领地，而且这些公司中的大多数控制着自行车的整体设计和制造过程。然而，在19世纪末期，人们认可了"安全自行车"的主导设计，这种行业结构便发生了改变。随着19世纪90年代美国经济的普遍增长，人们对"安全自行车"的需求出现了爆发式增长。

施温自行车公司（Schwinn Bicycle Company）提供了一个生动的例子。[①] 阿诺德·施温公司（Arnold, Schwinn & Company）成立于1895年，由肉类加工商阿道夫·阿诺德（Adolph Arnold）提供资金，并由来自德国、曾在德国学习自行车制造技术的移民伊格纳茨·施温（Ignaz Schwinn）负责工程和商业事务。当施温来到芝加哥时，恰好赶上了19世纪90年代的经济和自行车繁荣时期。伊格纳茨·施温、施温自行车公司和芝加哥在19世纪90年代对于自行车和经济发展的作用，就如同亨利·福特、福特汽车公司和底特律在20世纪20年代对汽车和经济发展的作用一样。自行车改变了19世纪90年代的城市生活，在这十年间，全美国的马匹数量减少了700万匹，而自行车的数量却飙升至1 000多万辆。[②]

到1899年，自行车行业的繁荣达到顶峰，此时该行业已经完

[①] 这里所说的施温公司的历史源自 Judith Crown and Glenn Coleman, *No Hands: The Rise and Fall of the Schwinn Bicycle Company*, New York: Henry Holt and Company, 1996。

[②] Judith Crown and Glenn Coleman, *No Hands: The Rise and Fall of the Schwinn Bicycle Company*, New York: Henry Holt and Company, 1996, p.19.

成了第一个螺旋式上升阶段,即完成了从垂直一体化到水平模块化的转变。当时,美国有 300 多家自行车公司,但它们大多只是负责组装的厂商(类似于康柏),它们从较大的金属加工公司购买零部件,然后在高度竞争的市场中,通过西尔斯百货、蒙哥马利-沃德公司(Montgomery Ward)等大型分销商把产品卖出去。

然而,到了 1905 年,也就是第一辆福特汽车在芝加哥销售的 2 年后,美国仅剩下 12 家自行车公司。整个自行车行业的年产量从 100 多万辆下降到仅剩 25 万辆左右。[①] 在接下来的 30 年里,自行车仅被视为儿童的专属产品,而成年人更愿意乘坐机动交通工具。到 20 世纪初,施温自行车公司和其他幸存的自行车公司生产着几近同质的产品。一方面是因为百货商店坚持以最低价出售自行车,另一方面是因为零部件制造商〔包括在轮胎供应上占主导地位的美国橡胶公司(U. S. Rubber)〕拒绝投资改善产品质量——它们认为公众不会为"儿童玩具"支付更多的费用。

1925 年,施温自行车公司创始人的儿子写道:

> 自行车制造商完全受这些大宗买家的摆布,而主要零部件制造商也助纣为虐,它们很快就看清了自己的利益所在。其他自行车制造商盲目接受了对于零部件制造商来说

[①] Judith Crown and Glenn Coleman, *No Hands: The Rise and Fall of the Schwinn Bicycle Company*, New York: Henry Holt and Company, 1996, p.23.

第4章 生命的奥秘：掌握双螺旋的力量

是有利可图的标准化，甚至在零部件制造商直接向消费者出售了超过一半的自行车、剥夺了它们的利润时，它们也没有提出异议。反而，这些善良的自行车制造商总是对留给它们的残羹冷炙心怀感激。[①]

接下来发生的故事验证了一句老话："需要是发明之母。"当经济大萧条来临时，自行车公司的生意变得更加糟糕。由于美国供应商拒绝向自行车公司提供更高质量的零部件以支持更高质量自行车的开发，施温决定去欧洲进行"自行车研究"，并威胁说：如果美国的自行车供应商不回应他的要求，他就会进口欧洲更高质量的自行车零部件。尽管整个自行车行业都嘲笑施温在经济大萧条时期销售高档自行车的想法，但美国的自行车供应商还是向施温屈服了，并满足了他的要求。施温对高档自行车的投资引发了企业后续十年的增长，使施温自行车公司获得了无可争议的主导地位。

施温自行车公司在20世纪30年代获得了40多项专利，推出了许多创新产品和市场畅销产品，如"超宽气囊胎自行车"、"气动自行车"（终身保修）、内置的"自行车锁"、"全浮式"鞍座、"膝动式"弹簧前叉以及其他产品。[②] 此外，施温还将整个

[①] Judith Crown and Glenn Coleman, *No Hands*: *The Rise and Fall of the Schwinn Bicycle Company*, New York: Henry Holt and Company, 1996, p.31.
[②] 同①33-34.

自行车行业（该行业的其他厂商迅速复制了他的创新成果）从经济大萧条中拯救出来。到 1940 年，自行车的销量达到了 130 万辆，超过了该行业在 1899 年达到的高峰。①

施温自行车公司的员工自行开展了工程设计和成本估算，并利用其庞大的采购量让供应商们相互竞争，从而获得控制它们的能力。② 如果供应商逾期交付货物，施温更愿意采取纵向一体化的措施，即由公司自行生产该部件。与此同时，施温自行车公司还将其火力集中在价值链的另一端——分销商和零售商。"施温制造"在当时拥有类似现在"凯迪拉克"的声望，施温自行车公司利用这一优势将特许经营权授予承诺将销售重点放在施温自行车上的经销商。

施温自行车公司的主导地位一直持续到 20 世纪 70 年代。在此前的 10 年里，该公司的畅销车型"魔鬼鱼"（Sting Ray）配备了高把手和香蕉形坐垫，后方还装有可载女友的坐椅。在 20 世纪 70 年代，消费者不再把自行车当作仅供儿童玩耍的玩具，转而使用 10 速的"Varsity"和"Continental"以应对飙升的汽油价格。1973 年，自行车的销量达到了 1 520 万辆的巅峰，并且自行车行业的结构也从水平结构转为垂直结构。施温自行车公司在自行车行业的龙头地位，不亚于鼎盛时期的 IBM 和通用

---

① Judith Crown and Glenn Coleman, *No Hands: The Rise and Fall of the Schwinn Bicycle Company*, New York: Henry Holt and Company, 1996, p.34.
② 同①35.

第4章 生命的奥秘：掌握双螺旋的力量

汽车。

当施温自行车公司的势力处于巅峰时，整个自行车行业再度走向了螺旋式倒退乃至解体的边缘。朱迪思·克朗（Judith Crown）和格伦·科尔曼（Glenn Coleman）在书中记录了施温自行车公司的辉煌历史，也描述了这样一段转变的故事：

> 20世纪70年代初，加利福尼亚州马林县的崎岖山丘上飘荡着两种截然不同的气味：大麻……和烧焦的油脂。
>
> 当那些疯狂的自行车手骑着笨重的老式两轮车以每小时40英里的速度冲下塔马尔派斯山时，这两种气味都会污染空气。他们很兴奋（通常是因为大麻），经常把刹车踩得过猛，以至于自行车的润滑油变成烟雾，从破旧的自行车上散出……
>
> 这可不是胆小鬼或旧自行车所能承受的。骑手们前一天把自行车折腾得稀烂，第二天又对其进行彻底检修，他们搜遍了垃圾场和自行车店，寻找更坚固的车架、车轮和零部件。看起来，那些来自20世纪30年代的大而笨重的宽胎车是最耐用的。[1]

加里·费希尔（Gary Fisher）是一位来自加利福尼亚州的

---

[1] Judith Crown and Glenn Coleman, *No Hands: The Rise and Fall of the Schwinn Bicycle Company*, New York: Henry Holt and Company, 1996, pp.1-2.

企业家、创新者和自行车赛手,他在 24 岁时开创了山地车行业。他制造的自行车脱胎于施温自行车公司在 1937 年推出的 Excelsior 这一经典车型。

加里·费希尔的创新引发了当地的手工业热潮,这吸引了芝加哥施温自行车公司高管的注意。在 20 世纪 70 年代末,施温自行车公司的一帮工程师被派往马林县,他们参观了加里·费希尔的新山地自行车公司。但当施温自行车公司的来访者看到费希尔的装置时却感到不屑:这可不是自行车,这是杂交品种。"这个 50 多岁的老头儿用轻蔑的眼神看着我,好像我是个什么都不懂的浑小子",加里·费希尔回忆说。施温自行车公司的工程师们说:"我们懂自行车,你和你的伙计都是外行。我们比任何人都了解这一点。"①

曾经一度令人羡慕的施温自行车公司于 1992 年 8 月 26 日申请破产保护。② 由施温自行车公司在经济大萧条期间的创新而形成的自行车行业的垂直结构时代,已经完成了向水平结构的转变。然而,施温自行车公司未能跟上这一转变。从那时起,该公司的名称和资产被一家名为泽尔-奇尔马克(Zell-Chilmark)的公司收购,未经担保的债权人仅获得了每 1 美元债权约 35 美分的补偿。曾经的芝加哥工厂早已不复存在,该公司也迁至科

---

① Judith Crown and Glenn Coleman, *No Hands: The Rise and Fall of the Schwinn Bicycle Company*, New York: Henry Holt and Company, 1996, p.2.
② 同①3.

罗拉多州并且完全由新的经营者经营。原来的施温自行车公司几乎只剩下品牌名称"施温",该品牌至今仍颇具辨识度,每年可售出约 50 万辆自行车。①

但故事远未结束。

自行车行业:续篇

山地车在一夜之间风靡起来。② 它的外观挺直、骑行安稳,并有减震轮胎和变速配置,加之其坚固的车架和轮圈,甚至可以抵御坑洼路面上的弹跳情况。凡此种种使人们意识到,骑行是一件好玩的事情。到 20 世纪 90 年代中期,自行车专卖店内 80% 的自行车是山地自行车,美国的自行车行业也因此根据价格、质量和功能划分出低端和高端两种市场。

乍一看,美国本土公司似乎主导着美国的自行车行业。1995 年,在自行车行业 11 个最畅销的品牌中有 9 个品牌属于美国公司,而剩下的 2 个品牌分别是中华自行车公司的"大名"(Diamondback,China Bicycle Company)和一家中国台湾公司

---

① Judith Crown and Glenn Coleman, *No Hands*: *The Rise and Fall of the Schwinn Bicycle Company*, New York: Henry Holt and Company, 1996, chapter 24.

② 本小节和下一小节是基于 1995 年托德·巴雷特(Todd Barrett)、丹·克罗克(Dan Crocker)和史蒂夫·缪尔(Steve Muir)为麻省理工学院斯隆管理学院技术供应链课程 15.795 的教授撰写的一篇学期论文。随后,在费恩教授的指导下,前两位作者对该论文进行了修改,并将其用于麻省理工学院制造业领袖计划发表的教学案例"换挡:只是一颗流星?"。其中,一些专有数据可能已被隐藏。

的"捷安特"(Giant)，这两家中国企业是美国自行车市场的重要参与者。然而，我们在进一步分析后发现，这些美国公司的实力各不相同。这些知名自行车品牌所属的公司往往只是最终的销售商；它们既不生产零部件，也不生产价格区间在200～400美元的自行车框架。

在美国国内的自行车公司中，只有佳能戴尔（Cannondale）、兰令（Raleigh）、罗斯（Ross）和崔克（Trek）在以较低的价格生产自己的车架。在这四家公司中，只有佳能戴尔生产铝合金车架，而不像其他三家公司以较低的价格生产钢制车架。在美国销售的大部分车架来自中国台湾的捷安特公司或中华自行车公司。例如，施温自行车公司从中华自行车公司购买车架用于售价低于350美元的自行车，而高端自行车的车架则是从另一家中国台湾公司美利达（Merida）购置。①

美国的许多自行车公司甚至不自己组装自行车（就像许多计算机公司将电路板组装工作外包一样）。因为车架是由中国制造的，而且大多数零部件是在亚洲生产的，因此由车架制造商组装自行车的成本更低。尽管中华自行车公司的车架占有广大的市场，但该品牌在消费者中的知名度较低，这无疑会让企业错失许多机会。此时，另一家自行车零部件制造商禧玛

---

① Judith Crown and Glenn Coleman, "Owners' Goal: To Get Schwinn Back in Shape," *Crain's Chicago Business*, October 11, 1993, p.59.

第4章 生命的奥秘：掌握双螺旋的力量

诺尝试运用不同的市场策略，以期提高自己的品牌知名度。

蓄势待发，自行车行业也有"内置英特尔"？

像崔克和施温这样的自行车公司都会从外部供应商处购买所有与车架相连的组件——施温自行车公司甚至连车架都是外包的，它只提供品牌名称。它们购进的零部件包括传动系统部件（如拨链器、变速器、曲柄组、链条、齿盘）和刹车等。由于自行车制造具有模块化的特点，因而从小型夫妻店到大型技术领先的组织，都会供应零部件。因此，自行车零部件行业竞争激烈，许多自行车公司为了压低成本，就会向不同的供应商购买零部件。

截至1995年，日本零部件制造商禧玛诺已经控制了美国自行车装配商的主要零部件市场。禧玛诺的全球销售额在当时已经超过了1亿美元，而它在美国的广告投入就高达500万美元。在《自行车》杂志推出的1 000款1993年车型的自行车规格数据库中，有86%的自行车配备了禧玛诺生产的零部件。在该数据库中收录的536款山地自行车中，有509款（95%）配备了禧玛诺生产的零部件。此外，在售价低于500美元的157款最受欢迎的山地自行车中，有154款（98%）山地自行车配备了禧玛诺生产的零部件。即使禧玛诺的批评者也承认它生产的零部件品质是很高的。① 正如一位观察者所说：

> 禧玛诺提供了使骑行更加简单和有趣的零部件，预计已经占据了85%～95%的变速自行车零部件市场。只有最挑剔的完美主义者才愿意回到没有指拨变速器、刹变一体式车把、高效刹车、山地车无扣踏板和免维护底盘的自行车零部件时代，而所有的这些技术创新都是由禧玛诺率先在自行车市场提出或者完善的。②

行业观察者将禧玛诺与计算机行业的顶级组件制造商英特尔进行了比较，以展示禧玛诺在自行车行业的主导地位。正如英特尔前首席执行官安德鲁·格鲁夫（Andrew Grove）所说：

> 有人给了我一篇关于禧玛诺生产的齿轮的自行车杂志文章，里面有一句话说禧玛诺是自行车行业的英特尔。当自行车行业的杂志用我们来与该行业巨头做比较时，说明

---

① 本小节和下一小节是基于1995年托德·巴雷特（Todd Barrett）、丹·克罗克（Dan Crocker）和史蒂夫·缪尔（Steve Muir）为麻省理工学院斯隆管理学院技术供应链课程15.795的教授撰写的一篇学期论文。随后，在费恩教授的指导下，前两位作者对该论文进行了修改，并将其用于麻省理工学院制造业领袖计划发表的教学案例"换挡：只是一颗流星？"。其中，一些专有数据可能已被隐藏。
② Pamela Baldinger, "Hot Wheels: Shenzhen China Bicycle Company," *The China Business Review*, May 1993, p.52.

第 4 章　生命的奥秘：掌握双螺旋的力量

我们已经成功了。①

禧玛诺对自行车零部件市场的掌控方式是将不同价位和质量的组件（例如，拨链器与变速器、曲柄组、链条）打包成不同的销售组合。购买此类组合将享有约 10% 的折扣，故自行车装配商可以通过购买打包的组件节省成本，而且在物流环节也会更加省钱省力。

禧玛诺扩大市场份额的方式是整合传统的模块化零件，尤其是传动系统。1985 年，禧玛诺推出了指拨变速器，这要求必须对变速把手、齿盘、拨链器和链条等组件进行一体化设计。禧玛诺通过将后花鼓与齿盘结合在一起的方式扩大了这种集成，使得其他品牌的齿盘和花鼓无法与其兼容。随后，禧玛诺将变速拨杆整合到刹车系统中，这要求自行车装配商必须购买一套完整的包含禧玛诺刹车和变速拨杆的产品。这一策略与英特尔将微处理器集成到功能扩展模块中的做法类似。同样，微软将 Windows 操作系统与 Internet Explorer 捆绑销售，并声称该组合是密不可分的整体。

禧玛诺从零部件制造商手中夺走了大部分行业控制权，通过垂直一体化成为行业巨头，那么其竞争对手是如何应对的？一家研制出新型变速器的企业打破了僵局。速联自行车公司

---

① "Intel's Insider Plugs into Future. Grove Sees Gap in Interactive Programming," *Advertising Age*, Crain Communications, Inc., November 15, 1993.

（SRAM，简称"速联公司"）成立于1987年，它研发的握把式变速器使骑手通过旋转手把上的旋钮即可调节速度。这比禧玛诺的RapidFire系统——需要上下推动两组杠杆完成换挡——简便许多。除此之外，禧玛诺的RapidFire系统有近100个零部件，而速联公司的Grip Shift只有20个零部件，其中只有2个零部件能移动。因此，速联公司的握把式变速器重量更轻，能移动的零部件更不易磨损。更厉害的是，Grip Shift还允许骑手在不松开车把的情况下进行换挡，从而降低了某些人换挡操作的不安全感。

在最初尝试将该产品引入公路自行车市场之后，速联公司成功说服崔克公司将该变速器应用在混合动力自行车上——这是由山地自行车和公路自行车主导行业中的一个微小细分市场。尽管混合动力自行车市场从未增长，但该款变速器却大受欢迎。因此，速联公司将战略重心逐渐放到了山地自行车市场上。

尽管大众对这款变速器的接受速度较慢，但Grip Shift变速器最终帮助速联公司成为该行业的主导者之一。尽管1993年只有3款车型配备了Grip Shift变速器，但在1994年，至少有65款车型配备了该变速器，这清楚地表明了该产品的快速崛起和成功。截至1995年底，速联公司的Grip Shift变速器已经占据了美国约60%的变速器市场份额，并开始在爱尔兰、荷兰、中国和美国芝加哥、中国台湾建立制造工厂。这种市场份额的增长在一定程度上是由速联公司于1989年对禧玛诺提起的针对不公平捆绑销售行为的诉讼引起的。虽然禧玛诺从未承认过在捆

第4章 生命的奥秘：掌握双螺旋的力量

绑销售行为上存在错误，但禧玛诺还是在庭外与原告速联公司达成了和解。禧玛诺除了答应支付 200 万～400 万美元的赔偿金额外，还取消了为捆绑销售设置的巨额折扣。

不仅如此，更让禧玛诺受到打击的是，Grip Shift 变速器无法与禧玛诺的集成式刹车系统兼容。因此，零部件组装商们有充分理由为这些组件进行竞争性投标。此外，速联公司还制定了自己的集成战略，并用其对抗禧玛诺。速联公司通过设计与 Grip Shift 系统集成的刹车系统来满足其自产变速器的需求。

然而，一种产品的成功无法保证速联公司能在自行车零部件行业中稳居首位。禧玛诺在驱动系统的大部分组件市场中仍占据主导地位。此外，总部位于中国台湾的日驰公司（SunRace）和欧洲重量级品牌萨克斯（Sachs）迅速复制了（或许还改进了）速联公司的转把式变速器的理念。

例如，日驰公司以比禧玛诺批发价低 50% 的价格向装配商提供驱动系统组件。日驰公司通过提供与禧玛诺兼容的产品，而不是进行技术创新，争夺了低端市场的份额。此外，日驰公司并不愿意只模仿一家公司，它随后推出了自己的变速器产品 Turbo-Grip。紧随日驰公司之后的是一些中国台湾的公司，它们大多致力于提供与禧玛诺最新款式的花鼓、齿盘、曲柄组和刹车相似的产品，却以低于禧玛诺正版产品的价格出售。对于自行车装配商来说，这些公司极大地节省了它们的成本，尤其是在自行车上并不显眼的组件方面。

对于自行车装配商来说，竞争同样存在。我们以崔克和闪电两个装配商为例。装配商们长期以来都将自己的品牌名标在由低成本供应商生产的零件上，比如坐垫。但是，佳能戴尔开始设计自己的组件（如脚踏板），然后以更低的价格外包生产。虽然佳能戴尔选择自行生产更昂贵的 Coda 系列曲柄组，但其低端曲柄组则外包给了像速技能公司（Sugino）这样生产成本更低的日本组件公司生产。

如前所述，自行车行业在 19 世纪末期为垂直一体化结构，到 19 世纪与 20 世纪之交时变为水平模块化结构，而后在 20 世纪中叶，以施温自行车公司为例，重新变为垂直一体化结构，直到 20 世纪 80 年代初再次回到水平模块化结构，最终于 20 世纪 90 年代，以禧玛诺为核心，短暂地重回垂直一体化结构。自行车行业在长达 125 年的历史中，经历了两次围绕双螺旋结构的循环。若不是从果蝇产业中清楚地看到了双螺旋现象（例如，计算机行业在不到 20 年的时间内就完成了整个循环），我们可能不会想到在其他行业中观察此类模式。然而，一旦人们认识到这类模式，就能以崭新的视角看待行业的演变和机遇。下面的汽车行业也是一个很好的例子。

汽车行业的双螺旋结构

在 20 世纪初的美国，大约有 100 名"马车制造商"在底特

第 4 章 生命的奥秘：掌握双螺旋的力量

律地区长大，他们都参与了"无马车辆"行业的某些方面。到了 20 世纪中期，亨利·福特和阿尔弗雷德·斯隆见证了汽车行业在几家大型企业（如福特汽车和通用汽车）的基础上进行垂直一体化的过程。最近，汽车行业又开始沿着双螺旋结构重新调整，并呈现出明显的水平模块化结构。这类似于我们在计算机行业观察到的结构，尽管其演进速度要比计算机行业慢得多。在计算机行业中，康柏是推动这一转变的先驱。而在汽车行业中，克莱斯勒是第一个。

康柏从 IBM 的供应商那里购买零部件，将它们组装成一台能与 IBM 兼容的个人计算机，并以远低于 IBM 的价格售卖，从而成功地超越了 IBM。20 世纪 90 年代初，克莱斯勒开始采取类似的策略，对福特汽车和通用汽车发起挑战。

克莱斯勒的策略师们上演了一场商业史上最为戏剧化的绝地反击故事。在 20 世纪 80 年代，克莱斯勒极度缺钱，为了维持生存，他不得不将价值 10 亿美元的新工程中心卖给一家金融公司，然后再租回来。当时，克莱斯勒还面临着与供应商打交道的困境。作为三大汽车制造商中最小的一家，克莱斯勒公司通常排在供应商供货名单的第三位，这些供应商通常要听命于力量更强大、规模更大的福特汽车和通用汽车。在那个垂直一体化的时代，美国汽车制造商通常在公司内部开展汽车组件和子系统的设计及开发工作，只根据详细规格外包个别零部件的低水平生产，并且汽车制造商还通过对每个工作项目进行竞标来压低零部件价格。

在最困难的时刻，克莱斯勒在与供应商会面后，出于绝望，提出了一个激进的改变公司经营方式的提议。这种经营方式与以往不同，克莱斯勒不再向供应商发号施令（试图让它们相互竞争），而是承诺与供应商建立长期的合作关系，共同开发整个子系统，并将任何成本节约的成果与供应商共享。这种做法虽然在许多日本公司中已经存在很久，但对于底特律来说，这是具有标志性的、与以往商业惯例截然不同的一个突破。

与此同时，克莱斯勒公司大幅削减了零部件开发和技术开发活动，因而也削减了与这些活动相关的公司运营成本。克莱斯勒公司负责设计、组装并销售汽车，然后依赖互惠互利的合作伙伴关系，让供应商为其提供包含技术创新的零部件，而克莱斯勒公司在创新零部件技术上贡献甚少。

毋庸置疑，克莱斯勒公司的战略转变是一个非常成功的尝试。克莱斯勒公司从濒临破产的状态成功蜕变为三大汽车制造商之一，并且是三大汽车制造商中成本最低、每辆车的平均利润最高的制造商。克莱斯勒公司的销售额和利润实现了大幅增长。此外，当戴姆勒-奔驰公司（Daimler-Benz）在1998年对克莱斯勒公司进行具有历史意义的收购时，克莱斯勒公司的股价从个位数大幅上涨，每股价值被评估为超过60美元。

为了与新兴的克莱斯勒公司竞争，福特汽车和通用汽车也迅速采取行动,将各自的零部件业务与汽车业务分离。因此,这个阶段关于福特汽车或通用汽车将出售其零部件业务的传闻不断出现。这表明克莱斯勒公司在汽车行业中扮演了类似于康柏在计算机行业的角色。正如康柏推动整个计算机行业向水平模块化结构发展一样,克莱斯勒公司的策略使汽车零部件供应商,甚至是福特汽车和通用汽车的内部供应商,增强了开发完整汽车子系统的能力,从而推动整个行业的结构从垂直向水平转变。

双螺旋结构帮助我们观察到两种现象:第一,汽车行业的装配商环节正在从垂直结构转变为面临重大解体压力的状态。第二,汽车行业的供应商环节正在从水平结构转变为面临重大一体化激励的状态。让我们从汽车产业链中各组成部分的角度来看待这些动态变化。

汽车制造商的双螺旋策略

如果你是汽车行业的从业者,你会怎么做?如果你是汽车制造商,你很清楚企业所处的风险:即使是对于 20 世纪 80 年代的 IBM,这个计算机行业的巨头,当它面对行业解体时,如果仍然坚持以垂直一体化的结构经营,最终只会被灵活的竞争对手所围攻。有趣的是,在 20 世纪 80 年代和 90 年代损失了数十亿美元和数百万辆汽车市场份额的汽车行业巨头通用汽车拥有一个可以利用的资产——德尔福零部件公司（Delphi Automotive），它是从通用汽车拆分出来的、负责零部件业务、每年能营收320亿美元的汽车零部件巨头。正如果蝇教给我们的，如果汽车行业朝着供应商可能掌握控制权的时代发展，那么必须注意的是，世界上最强大的汽车供应商是完全由通用汽车所有的。通用汽车的难点是如何平衡子系统与整个系统的关系。由于IBM根深蒂固的主机部门无法忍受向新兴的PC部门屈服，使得它失去了对计算机部分行业的控制。通用汽车的汽车部门会阻碍德尔福零部件公司的崛起吗？能否管理好这一平衡将是通用汽车在未来能否实现成功的关键。

在丰田汽车的例子中，它不像通用汽车那样有德尔福零部件公司来帮助抵御"内置电装"可能带来的威胁。然而，丰田汽车拥有的是汽车行业首屈一指的精益生产体系。丰田汽车在成本、质量和开发速度方面的领先优势极为显著。它在汽车开发和技术方面深厚的基础知识储备，以及在探索新技术（如混合动力汽油发动机）的能力和意愿方面都令人印象深刻。这些资产可能是丰田汽车在没有强大的零部件公司或零售商的情况下能安全渡过难关的关键所在。[①]

《纽约时报》最近的一篇文章报道了一家丰田汽车子公司与得州仪器公司（Texas Instruments）的合资企业，该企业计划

---

① Andrew Pollack, "Move by Toyota Reported into Japanese Chip Market," *New York Times*, August 8, 1996, p.C8.

第4章 生命的奥秘：掌握双螺旋的力量

建造一座价值15亿美元的半导体工厂以生产内存芯片和汽车电子元件。该文章还提到丰田汽车此前在电信和软件领域的举措，并两次使用"令人费解"一词来描述丰田汽车在合资企业实行的这项策略。

然而，对于探讨商业遗传学的人来说，这些举措绝不令人费解。相反，它们清楚地表明，丰田汽车的管理者已经领悟了双螺旋结构的教训，并由此得出结论：汽车行业的脉动速度将接近电子信息行业。因此，类比于计算机行业的"内置英特尔"模式，一些汽车公司难免会成为牺牲者。因此，丰田汽车持续调整其供应链设计，以适应即将到来的变化。

如果你处于克莱斯勒公司的境地，你就要竭尽全力地采用康柏和戴尔的策略，这会使你获利良多。如果你处于戴姆勒-奔驰公司的境地，建议你效仿Macintosh的策略，专注于小而精的高端市场，或者收购克莱斯勒，努力成为像丰田汽车那样的全方位领先的顶级厂商。当然，这条路并不好走。

总的来说，全球主要汽车制造商正在调整其策略以应对一个更加艰难、节奏更快的世界，但它们似乎并不认为双螺旋路径的改变迫在眉睫。毕竟，汽车制造业可能无法像个人计算机行业一样高度模块化。然而，在汽车零部件行业中，各方已经准备向水平模块化结构转变了。

汽车供应商的双螺旋策略

汽车座椅系统的供应商很好地体现了向水平模块化转变的积极态度。对于大多数汽车制造商来说，座椅是汽车中最大的单项外部采购产品（在有些情况下，每套座椅的价格甚至超过了1 000美元）。在20世纪80年代，三大汽车制造商通常遵循行业的垂直结构，它们自主设计和组装座椅系统，但从外部购买座椅部件（如金属框架、织物和电子控制装置等）。然而，到了20世纪90年代中期，座椅行业被李尔公司（Lear，简称"李尔"）和江森自控公司（Johnson Controls，简称"江森自控"）这样的巨头所主导，这两家公司的年销售额从不到10亿美元飙升至70多亿美元。在这种新环境下，当汽车制造商开始为新车型设计座椅时，可供选择的供应商数量变得有限，并且每家供应商在行业中都具有相当大的影响力。

此外，这些座椅公司也开始收购与之相关的业务，比如提供内饰面板和地毯的供应商。因此，如果福特汽车想要为一款新车配置李尔座椅，它可能会被告知："我们不再是一家只提供座椅的公司了，我们现在是一家内饰公司。如果您想要配置我们的座椅，必须购买完整的汽车集成内饰，包括地毯、车顶内衬和仪表盘。"因为福特汽车对座椅供应商的选择有限，而且每个座椅供应商似乎都在追求类似的垂直一体化战略。座椅供应

第4章 生命的奥秘：掌握双螺旋的力量

行业开始出现这样的模式，即一旦利基玩家在现在水平结构化的行业中建立了显著的市场影响力，它们通常会沿着供应链向上或向下移动，以利用现有的市场影响力获得新的市场影响力。这种模式与英特尔将其图形芯片与微处理器捆绑销售或微软将其网络浏览器与 Windows 捆绑销售没有什么不同。

尽管德尔福、博世、电装、江森自控、李尔等供应商的实力和市场影响力都很大，但汽车座椅行业中没有一家供应商的垄断地位能接近计算机行业中的英特尔或微软。此外，尽管供应商正在跨子系统进行整合——类似于我们在第2章中看到的 MICE 行业的避险策略——但汽车制造商仍可以让供应商相互竞争。然而，由于许多细分领域的行业集中度大幅提升，这种竞争比以往任何时候都复杂得多。一个雄心勃勃的供应商可能会发现自己被排除在许多汽车项目之外。不过，如果供应商的实力弱小，又会发现那些竞争对手通过展示自己的实力来赢得合同，就像英特尔在直接面向最终消费者而推出"内置英特尔"的策略。[①] 在计算机行业，曾经有客户明确告知经销商："我不在乎计算机的品牌，只要计算机是'内置英特尔'即可。"

如果此类营销活动能够在计算机行业开展，那么它肯定也

---

① 有趣的是，"Intel Inside"活动的成功更多地取决于营销活动而非技术。英特尔能够通过广告说服数百万计算机客户在他们去计算机商店时重点寻找"Intel Inside"徽标。这是因为，计算机的微处理器不是体验商品，客户既看不见又摸不着计算机中的芯片。如果计算机的外壳上没有徽标，大多数客户都无法分辨他们购买的计算机里是否装有英特尔芯片。

有机会在汽车行业中发挥作用。即使计算机安装的芯片是客户既看不见又摸不着的，但客户会凭借芯片挑选计算机。因此，对于汽车行业来说，视觉和触觉吸引力在客户对车辆的评价中占有很大的比重。当然，汽车供应商可以让客户更加了解它们在汽车座椅或电子控制系统上投入的价值，从而达到营销的目的。然而，即使是较小的系统，直接向客户进行广告宣传也是富有成效的。例如，1996年UT汽车零部件公司（UT Automotive）——生产多种零部件和子系统的综合供应商，在一些商业杂志上刊登了该公司电子安全系统的广告。这则广告展示了一名高科技窃贼的照片，当车主用遥控钥匙链设备"哔哔"地进入警报模式时，他使用一种设备捕获了汽车安全系统的电子代码。UT汽车零部件公司的广告展示了其安全系统每次使用时都会重置电子代码，这样窃贼此前捕获的电子代码就不会是下一次能解除警报的正确代码。这则广告提示，该安全系统已在通用汽车、本田汽车和日产汽车公司的部分车型上投入使用，但它实际上是向消费者传达了这样的观点："我不在乎汽车的品牌，只要汽车是'内置UT'即可。"

汽车供应商在向水平模块化转变中获得的利益要远大于汽车装配商——由于克莱斯勒公司已经采用了水平模块化模式，所以不包括在内。此外，汽车供应商还要做好应对相互竞争的准备。我认为汽车制造商应该对此保持警惕。因为个人计算机行业告诉我们，一旦水平模块化结构被触发，现有企业无论是

第 4 章　生命的奥秘：掌握双螺旋的力量

市场份额还是技术深度，无论是财务实力（如 IBM）还是卓越的产品技术（如苹果公司旗下的 Macintosh 操作系统），都无法抵御后来者的冲击。

如果其他公司都演变成水平模块化结构，即使是丰田汽车这样的公司也可能无法保持其原有地位。因此，汽车制造商应重点关注如何为应对重大的工业变革做好准备。在一个时代中至关重要的个体能力，在下一个时代中可能就变得稀松平常了。因此，拥有卓越的个体能力（如技术或制造能力）固然重要，但最关键的是能够预见即将到来的变化并做出最有价值的选择。这就是下一部分的主题：供应链设计。对于公司来说，设计组织的整个价值链网络（即供应链），尤其是确定公司的哪些能力需要投资以及哪些工作需要外包，就像武器库里的武器一样重要。

第二部分
供应链设计：终极核心实力

第 5 章

链条的优先权：能力链成就企业

一家公司的能力是指其不断发展的一系列能力，这种能力是企业自身的能力加上它所有合作伙伴的能力。

没有哪种能力是永恒不变的。这是果蝇以及本书第一部分告诉我们的一条关键信息。

没有任何一种能力是孤立存在的，每一种能力都与其他能力息息相关。这是本书第二部分所提出的关键信息。在商业领域和机械系统中，"链条的坚韧性取决于其中最薄弱的环节"这一古老的格言同样适用。在现实世界中，机械设计师深谙此道，并据此设计链条。在商业领域，策略设计师也必须尊重这一规律。

不考虑自身所处的产业链而盲目建立公司或培养能力，这是自寻死路的做法。我在本章以及随后的章节中将提到，没有比优化自身能力链更重要的事情了。这条能力链包含从终端的消费者到上游的原材料和新技术的所有内容。

首先，让我们来看看迈克尔·戴尔（Michael Dell），世界上最具灵感的供应链设计师之一，是如何通过供应链设计来获利的。截至1998年5月，戴尔公司的股价相对于它在20世纪90年代10年间的股价上涨了269倍，这高于英特尔、微软、可口可乐、迪士尼和思科（Cisco Systems）等公司的股价。[①] 但是，戴尔公司没有能推动公司实现如此高股价增长和盈利的专有技术。事实上，该公司在供应链的上游受到英特尔和微软这两大计算机行业巨头的挤压，而它所处的下游市场是由数百万消息灵通的消费者组成的市场，这些消费者可以选择由数十家计算机公司组装几乎毫无区别的个人计算机。就直接竞争对手而言，戴尔公司必须与IBM、惠普、康柏等巨头竞争。此外，它还需要应对众多来自亚洲和美国，并以低成本优势进入PC行业的竞争对手。从波特模型的任何角度来分析[②]，戴尔公司的行业地位看起来都毫无竞争力。

然而，在这样的背景下，戴尔公司不仅生存了下来，还取得了令人叹为观止的销售额和利润增长。戴尔公司的主要优势在于其卓越的供应链设计能力和精准的供应链管理能力。虽然

[①] "Michael Dell Rocks," *Fortune*, May 11, 1998, pp.59-70.
[②] Michael E. Porter, *Competitive Strategy*, New York: Free Press, 1980. 波特的"五力"模型建议通过考察购买者和供应商的力量、竞争对手之间的竞争、新进入者的机会和替代产品的可用性来评估一个企业的竞争地位。

第 5 章 链条的优先权：能力链成就企业

令人难以置信，但在整个 20 世纪 90 年代，戴尔公司的供应链管理都是由用于物料需求规划（MRP）的过时软件 Vintage Software 驱动的。[①] 戴尔公司的成功故事既引人入胜又十分重要，部分原因在于它向我们展示了如何在一个高脉动速度的行业中设计出色的供应链。

戴尔利用从目录中订购的零件，在得克萨斯大学宿舍里组装并销售计算机。当他的室友因为电子垃圾太多而把他赶出去时，戴尔没有停止这项工作，而是选择搬到更大的房间继续扩大规模进行销售。幸运的是，得克萨斯州是个大州，这为戴尔的成长提供了足够的空间。

戴尔公司通过电话和互联网接收定制台式机和工作站的订单，在订单完成后立即组装机器，并在机器组装完成后尽快发货，整个流程通常需要在 24 小时内完成。戴尔公司不持有任何成品库存，也不雇用任何持有库存的分销商或零售商，它直接从工厂将所有产品发往最终客户。此外，戴尔公司几乎不持有任何原材料库存，这意味着公司购买的每一份原材料都被立即用于机器组装和销售。

那么，戴尔公司是如何知道要卖什么产品的？要理解这个问题的答案，我们不妨换个角度来思考：戴尔公司出售的是其

[①] Stuart Smith, "Capitalizing on Clockspeed in the Direct Business Model," paper presented at "Creating and Managing Corporate Technology Supply Chains: Value Chain Design in the Age of Temporary Advantage," symposium at the Massachusetts Institute of Technology, Cambridge, Mass., May 12–13, 1998.

购买的产品,而产品的价格是这个过程中唯一可变的因素。[1]

戴尔公司的销售部门负责预测并做出购买哪些组件的决策。由于销售人员的佣金是基于戴尔公司的利润率计算的,所以销售人员必须卖出他们订购的所有产品,包括那些因为对客户需求判断失误而购买的组件。如果客户对某个组件的需求下降或客户不再需要某个组件时,销售部门必须降低这些组件的销售价格,以便这些组件能在任何时候被卖出。

戴尔公司又是如何避免被市场淘汰的?首先,由于公司的采购量大,因而它能从供应商处获得优惠的价格。其次,也是关键的一点,如果在采购时对潜在客户的偏好有疑虑,采购人员总会选择订购包含最新技术的组件,因为这些组件的货架期最长。由于戴尔公司没有库存且没有分销商,因而它可以成为成本最低的计算机生产商。此外,由于高端用户通常会购买最新的组件,因而戴尔公司也会为这一群体提供专门服务,从而保持良好的利润率(见图5-1)。

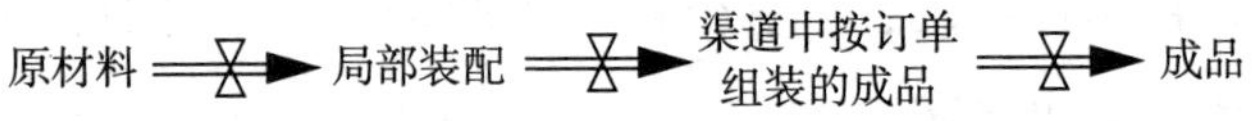

原材料 ⟹ 局部装配 ⟹ 渠道中按订单组装的成品 ⟹ 成品

图5-1 戴尔公司的供应链

关键在于:计算机行业的脉动速度越快,戴尔公司相对于

---

[1] Stuart Smith, "Capitalizing on Clockspeed in the Direct Business Model," paper presented at "Creating and Managing Corporate Technology Supply Chains: Value Chain Design in the Age of Temporary Advantage," symposium at the Massachusetts Institute of Technology, Cambridge, Mass., May 12-13, 1998.

第 5 章 链条的优先权：能力链成就企业

竞争对手的优势就越大。这是如何实现的？其他主要的 PC 制造商都是按库存生产并通过经销商销售产品，因而这些经销商都会有库存。但在这个行业中，库存不会被彻底地消耗完。[①] 实际上，计算机市场的陈旧库存是非常多的。当市场上出现速度更快的 56K 调制解调器时，持有大量内置 28K 调制解调器的 PC 库存的经销商会是什么情况？当英特尔推出 Pentium Ⅱ 使得旧款 Pentium 处理器价格暴跌时，哪个经销商愿意持有数千个 Pentium 处理器的库存呢？

在飞速发展的 PC 行业，产品过时几乎是每天都在发生的事情。供应链中的库存越多，库存产品因落后而产生的成本就越高。行业脉动速度越快，库存产品的落后成本就越高。因此，拥有最精简供应链的制造商将获胜，而且行业脉动速度越快，该制造商领先的幅度就越大。这也是戴尔公司能大把赚钱的原因。

既然没有秘密或专利技术，为什么康柏、IBM、惠普等公司不能直接复制戴尔公司的模式？实际上，这些公司正在进行这样的尝试。但是，这些公司都依赖现有的经销商进行销售（见图 5-2）。在行业的新模式被完全确立之前，任何试图减少这些经销商的尝试都可能导致销售额的大幅下降。这些下降的销售

[①] Stuart Smith, "Capitalizing on Clockspeed in the Direct Business Model," paper presented at "Creating and Managing Corporate Technology Supply Chains: Value Chain Design in the Age of Temporary Advantage," symposium at the Massachusetts Institute of Technology, Cambridge, Mass., May 12-13, 1998.

额将流向戴尔公司或其他竞争对手，并且这些生产商可能未来不会再重获这些销售额。因此，依赖经销商的生产商被迫采取渐进转换的战略精简供应链，而不是突然停止与经销商的合作。由于在高脉动速度的行业中，渐进转换需要很长时间，因而戴尔计算机目前仍占据主导地位。

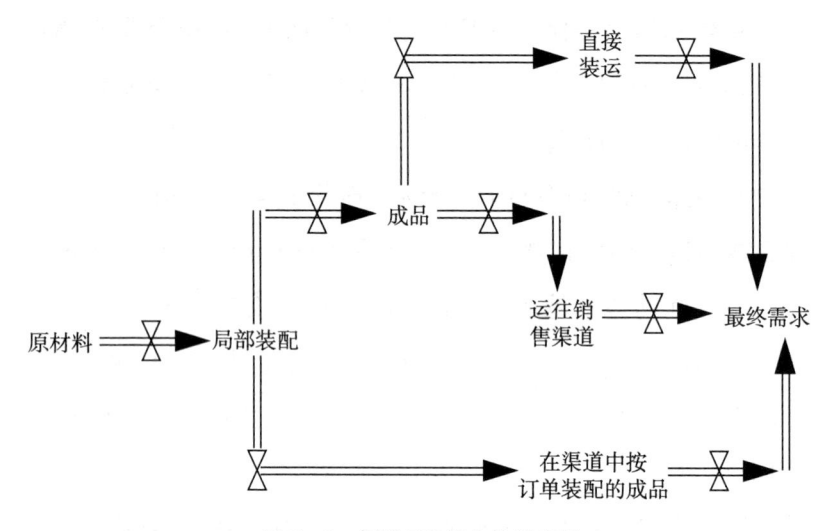

图 5-2　标准 PC 行业的供应链

资料来源：Nitin Joglekar, "A System Dynamics Model for Benchmarking the Effectiveness of 'Made-to-Order' Decisions against 'Made-to-Stock' Alternatives," unpublished paper, Massachusetts Institute of Technology, Cambridge, Mass., 1998.

戴尔公司为供应链设计提供了一种更好的思维方式，它不是将供应链单纯视为由静态合同方构成的集合，而是将其视为公司最重要的核心能力。大多数有关商业策略的文献都把企业作为分析对象。在这种思维方式下，供应链是确定的，而企业

第 5 章 链条的优先权：能力链成就企业

的挑战则是管理供应链，也就是管理为最终客户创造价值所需的相关组织和资产。

然而，因为在实践中，计算机公司一直在不断重新评估其供应链设计的有效性，以寻求短期优势，所以静态、被动的供应链设计观点不能描述个人计算机行业中正在发生的情况。因此，考虑到个人计算机行业的高脉动速度，企业必须考虑设计扩展组织，通常包括公司本身及其供应链网络、分销网络和联盟网络。

正如制造业管理组织在 20 世纪 80 年代发现产品设计活动在改善产品制造绩效方面的巨大潜力一样，精心设计的供应链在管理公司扩展的活动方面也具有巨大的回报。供应链设计应该被看作将一系列能力串联起来的过程，而不是看作各组织间为了追求一系列短期优势而合作的过程。由于没有一个短期优势是一劳永逸的，因而公司必须持续不断地进行供应链设计活动，从而在动态环境中构建其核心能力。卓越的公司借助其预测能力，通常能够更好地预见在供应链中的哪些环节可能出现有利可图的机会，然后投资于相应的能力和关系并加以利用。从长远来看，幸运总是青睐那些做好准备的公司。因此，卓越的市场和技术预测能力以及出色的供应链设计能力对公司来说非常重要。

爵士乐手们每天都在同一个地方即兴演奏，而且在演奏过程中，他们会邀请演奏者加入，这些人可能只是路过并对短暂的演出感兴趣。尽管演奏团队中有一群核心乐手，但真正的创作并不是仅由他们来完成。即兴创作往往出现在外界人士加入演奏的过程中，可能这些外界人士中的部分人员是非常有才华的音乐家。一旦演奏团队中的每个人都感受到音乐节奏，并预感到音乐发展的方向，即兴创作就诞生了。在这个即兴创作的过程中，一位领衔音乐家仍会引导灵感迸发与创新的方向，而不是完全由偶然或运气进行即兴创作。

同样地，一家公司真正的核心能力在于其设计和管理供应链的能力，这些能力是能让它在高脉动速度的行业中获得短暂优势的关键。如果我们将一家公司逐个部分、逐个元素地进行分解，那么只能获得对该公司有限且扭曲的理解。这就类似通过研究心脏或肝脏来判断其主人是什么样的人一样。因此，我们需要从供应链和利益相关者的角度来观察一家公司，这通常能提供更全面的视角、更完整的活动图景、更无缝的技能或知识链，既包括公司自身的能力，又包括与其结盟的组织的能力。由于这些能力以及它们之间的关系与周围的世界一样，是不断变化和演进的，所以公司必须监控和管理它们。

尤其是在高脉动速度的行业中，企业必须把战略思维放在整个价值链上，而非仅仅关注企业的个别能力。因为在技术发展迅猛、竞争对手环伺的今天，企业的单项能力很可能会在一夜之间失去价值。该道理可以从以下三个不同行业的案例中得到体现：设计计算机工作站的硅图公司（Silicon

Graphics)、计算机芯片生产商东芝公司（Toshiba）和制药领域的默克公司（Merck）。

硅图公司

如果说有哪个高科技公司是幸运儿的话，那一定是硅图公司，它强大的计算机工作站和三维图形技术让硅谷附近的企业和华尔街的分析师们都为之惊叹。1995年，该公司的年销售额突破20亿美元；利润以每年超过50%的速度增长，股价一度达到近45美元/股的历史最高点。[1] 硅图公司作为互动电视的先驱，甚至在互联网的底层占据了一席之地，其服务器也为一些最热门的网站提供服务。看起来，硅图公司的前途一片光明。

然而，2年之内，该公司的业绩急转直下，其股价也跌至13美元/股以下。在1997年上半年，硅图公司的利润骤降。老客户抱怨其产品质量和交货存在问题，而硅图公司在招揽新客户时也举步维艰。电视和计算机的组合并不如预期般受客户欢迎，太阳微系统公司（Sun Microsystems）的Java软件更是抢走了互联网应用程序市场。除此之外，惠普公司和太阳微系统公司开发了品质接近硅图公司的3D图形绘图软件，而且售价要比硅图公司便宜得多。

---

[1] "The Sad Saga of Silicon Graphics," *Business Week*, August 4, 1997, pp.66-72.

问题的症结究竟在哪里？对硅图公司持有批判观点的人列出了一长串理由。[①] 但真正的罪魁祸首是硅图公司的自大情绪，硅图公司误以为仅专注于科技便可使企业永葆成功，因此其将战略重心完全放在了技术层面，而忽略了对整体能力链的掌控，从而产生了灾难性后果。

硅图公司选择了毫无相关经验的东芝公司作为绘图晶片供应商，但东芝公司交货延误，致使新工作站无法如期推出。祸不单行，供应链上其他厂商的延误也影响了产品的生产和装配，从而严重影响了硅图公司产品的质量和数量。

即使在工作站完成后，硅图公司仍受到供应链问题困扰。由于NEC生产的微处理器存在缺陷，硅图公司的工程师不得不对每一台机器进行质量检查并更换有缺陷的芯片。与此同时，客户对硅图公司新产品的需求远低于预期，他们购买了更老、更成熟的版本，而不是购置新版本。这使得硅图公司新机器的供应过剩而旧机器的供应短缺，因而公司的成本开支很大。简言之，硅图公司混乱的能力链和竞争对手新型低价机器的侵蚀，让其管理层对于高脉动速度的能力链有了深刻的认识。

硅图公司的大起大落给了我们警醒：即使拥有历史悠久、最为稳固的核心能力，若是不能同时管理好其他辅助能力，那么仍不能避免失败的命运。尤其是在高脉动速度的商业环境中，

[①] "The Sad Saga of Silicon Graphics," *Business Week*, August 4, 1997, pp.66-72.

企业必须了解并管理其整个能力链。

当然，即使是在多变的环境中，也存在一些不变的因素。例如，一个行业的能力链的实际功能，就可以在很长一段时间内维持不变。即使是脉动速度最快的资讯娱乐业，其向渴望信息的消费者提供和传递信息的功能在很长一段时间内也是不变的。因此，企业的高管们在创业之初就应当思考，自己的企业究竟要在整个行业的能力链中提供哪些支持环节，进而他们就可以凭借坚实的知识基础对企业进行战略评估，以确定自己的能力；反之，假若企业只凭借现有的能力，就强行切入行业的能力链中，那么很容易导致企业血本无归，最终退出竞争舞台。

东芝公司

在接下来的案例研究中，我们将通过研究动态随机存取存储器（DRAM）芯片的供应链，来认识供应链设计中最重要的部分之一——能力链分析。我们需要回答以下问题：供应链中的哪些环节最有潜力？供应链中哪些环节的资源最为短缺？在未来几个月和几年里，供应链中的大部分利润将由哪个环节产出？

DRAM是信息经济时代的重要一员，它是个人计算机和其他许多电子产品中除微处理器外非常重要的半导体组件。此前，许多厂商都可以生产DRAM，既包括IBM、摩托罗拉公司、得州仪器公司、东芝公司、NEC、日立公司、松下公司、三星公司在内的众多知名厂商，也包括来自新加坡、中国、中国台湾等国家和地区的新生产厂商。DRAM供应链始于应用材料公司（Applied Materials，AMAT）和尼康等公司，这些公司生产制造芯片所需的机器——比如第3章提到的步进式光刻机等工具。三星公司、东芝公司等将生产的芯片运送给康柏、戴尔和惠普去组装工作站及个人计算机，然后这些计算机会被卖给分销商或直接卖给最终客户（见图5-3）。

客户 ← 计算机 ← 动态随机存取存储器芯片 ← 加工技术

图5-3 动态随机存取存储器供应链

现在，让我们看一下东芝公司在这个产业链中的位置。东芝公司一直是供应链中计算机细分市场和DRAM细分市场的主要参与者。此外，东芝公司在一些工艺技术上拥有强大的实力，尤其是光刻技术，该公司经常开发比尼康等供应商提供的工具领先一代或两代的实验工具。[①] 这样的先进工艺技术允许开发者更早地开发出最新的科技芯片。但是，东芝公司通常不会将自己在光刻方面强大的技术出售给其他公司。

当我们考察这一产业链中的利润机会时，计算机市场不太可能是产业链中最具吸引力的环节。因为计算机行业的市场竞

---

① 这是麻省理工学院本科生阿尔贝托·莫尔（Alberto Moel）的私人通信，他曾在东芝的先进光刻实验室工作多年。

第5章 链条的优先权：能力链成就企业

争激烈，也就是该行业的竞争者非常多，所以行业利润率一直受到挤压。DRAM 的生产链也面临着这样的问题，它似乎每天都在变得更拥挤。因此，东芝公司在整个产业链中竞争最激烈的两个领域都投入了大量的技术力量。

鉴于东芝公司所选择的细分市场竞争十分激烈，其必须保持警惕、稳步削减成本。由于其他 DRAM 制造商依赖供应商提供光刻技术方面的知识，所以它们的成本结构更为简单。但是，东芝公司不是这样的，它拥有专注于研究光刻技术的研究团队，因而东芝公司可能会在这里感受到节省成本的压力，从而解散其先进的工艺技术研究小组。

然而，对能力链的分析结果表明了另一种可能性。也许东芝公司在 DRAM 的工艺技术上拥有更大的机会，因为该领域的竞争对手相对较少、进入壁垒较高，即使产品需求有较大的波动，但其利润率也相对较高。例如，尽管光刻工具仅由尼康和佳能等公司生产，但其售价高达 500 万美元/台，而且遍布全球的所有主要半导体工厂都需要它。

东芝公司或许不会削减光刻部门，而是考虑制造和销售自己的步进式光刻机。但是，这种策略并非没有风险。作为东芝公司忠实的步进式光刻机供应商，尼康肯定不会乐意。尽管如此，我们看到，在越来越多的行业中，最大的威胁和机遇有时出现在垂直竞争的过程中，即企业是与供应链的上下游企业做斗争，而不是与传统竞争对手进行水平竞争。这就是为什么供应链设计是如此具有挑战性并能发挥关键作用。

默克公司和生物制药行业

最后，让我们来看看制药行业。在这个行业中，基因工程和生物技术这两个新技术的出现，引发了制药行业垂直竞争的爆发。此前，制药行业的水平竞争已到白热化阶段。

如果你在 20 世纪 80 年代没有投资信息行业，而当时购买了英特尔、微软、康柏和思科等公司股票的人都发了大财，那么你可以思考一下：下一个风口会不会是持续爆炸式增长的几家大型制药公司？1982—1992 年该行业的销售额平均每年以 18% 的速度增长，并且在美国的利润率通常超过 70%，甚至与英特尔不相上下。[1] 事实上，哈佛大学的加里·皮萨诺（Gary Pisano）将 1950—1990 年的整个时期称为"制药业的黄金时代"。[2] 对于该行业的主要参与者来说，比如默克公司、礼来公司（Eli Lilly and Company）、百时美施贵宝公司（Bristol-Myers Squibb Company）和辉瑞公司（Pfizer, Inc.），这个时代虽然脉动速度缓慢但高度繁荣。成功的药物研发项目通常需要 10 多年的时间才能完成，一旦该项目获批，就会获得独家专利保护，

---

[1] Gary Pisano and Sharon Rossi, "Eli Lilly and Company: The Flexible Facility Decision (1993)," Harvard Business School case services, Boston, Mass., April 21, 1994.

[2] Gary P. Pisano, *The Development Factory: Unlocking the Potential of Process Innovation*, Boston: Harvard Business School Press, 1987, p.54.

第5章 链条的优先权：能力链成就企业

并且制药行业的进入门槛很高。只有一家口服避孕药的开发商〔即辛泰克斯化学公司（Syntex Chemicals, Inc.）〕是在第二次世界大战后作为新进入者成功进入该行业的。[1] 这就像同一时代的航空业一样，虽然是高科技行业，但脉动速度缓慢。

由于大型制药公司的业绩表现十分出色，许多人认为大型制药公司既是美国医疗保健系统成本失控的受益者，也是其助推者。然而，在经历了40年的繁荣发展后，制药行业从20世纪90年代初开始急转直下。制药公司同时受到了来自上游企业和下游企业的夹击（过去，制药行业的供应链被视为休眠的供应链，即供应链中的某些环节或资源在特定时期处于低活跃或非活跃状态，但在需要时可以迅速激活，以满足突发的需求或应对环境变化）。在制药行业的下游，美国联邦政府关注到医疗成本的增长正在快速失控，这种情况可能会对国家财政产生严重影响。与此同时，美国公司在尽可能精简工厂和运营的基础上，将高昂的医疗费用作为进一步降低成本、提高竞争力的手段。

与此同时，制药行业的上游情况同样令人不安。生物技术正在彻底摧毁少数制药厂的垄断地位。在"黄金时代"，大型制药公司在研发方面实现了高度的垂直一体化。事实上，它们将研发功能视为行业的命脉：这里蕴藏着寻找、合成和测试化学

---

[1] Gary Pisano and Sharon Rossi, "Eli Lilly and Company: The Flexible Facility Decision (1993)," Harvard Business School case services, Boston, Mass., April 21, 1994, p.56.

药品以治疗人类疾病的机会。但是，到20世纪90年代初，这种传统的寻找和合成药物的方法已经出现了投资报酬率递减的现象（即运用该方法生产的"畅销药"越来越少，成本却越来越高），而此时遗传学和生物技术革命正在制药行业爆发。①

生物工程是由分子生物学衍生出来的新兴产业。在生物工程出现之前，大多数药物都是使用合成化学方法制成的。这种药物设计方法要求研发机构拥有大量化学家，以便合成用于药物筛选过程的大量独特的小分子化学品。分子生物学的主要优势在于，该技术能够将复杂的蛋白质分子和DNA用作治疗剂，或作为更传统的药物开发方法的治疗靶点。这一进步使生物工程公司能够有效地治疗各种人类疾病。到1994年，有超过220种生物技术产品正在开发中，这些化合物在市场上的销售额超过600亿美元。② 生物工程不仅提供了具有独特属性的创新型新药，而且还提供了比合成化学更广阔的潜在应用范围。

除增加了药物可以治疗的疾病数量外，生物技术还缩短了药物产品的开发周期——过去需要7～11年才能开发的产品，现在只需要4～8年就可以完成。③ 由于生物技术需要的技能是过

---

① Seth Taylor, "Wheel of Fortune: The Evolution of a Drug Discovery Platform through Strategic Alliances and Acquisitions," unpublished thesis, Massachusetts Institute of Technology, Sloan Management of Technology Program, Cambridge, Mass., 1997.

② W. W. Powell et al., "Interorganizational Collaboration and the Locus of Innovation: Networks of Learning in Biotechnology," *Administrative Science Quarterly* 41, no. 1, 1996: 116-145.

③ 同②。

第5章 链条的优先权：能力链成就企业

去合成化学科学家通常不具备的，因此生物工程凭借技术不连续性给制药行业带来了沉重打击。[1]但是，基于生物技术的药物化合物面临着与传统药物化合物相同的监管和分销限制，这使得制药行业的主导者能够在供应链下游保持原有优势，以对抗生物技术公司的打击。

生物学领域的知识爆炸式增长，加上类似于信息行业的能力增长，让4种不同的技术有了大展身手的平台。[2]

在这4种技术中最受瞩目的可能是基因工程，该技术是研究人类基因组，并将其与其他生物（如老鼠和果蝇）的基因组进行比较。尽管人类基因组计划（Human Genome Project，HGP）已经在全球范围内展开，并且该计划旨在2003年之前绘制出整个人类基因组及其30亿个组成部分的图谱。但在1997年，就有8家私营公司试图赶在政府资助的项目之前采取行动，以抢得市场先机。显然，这已不再是脉动速度缓慢的行业了。

除了基因工程技术外，还有生物测定技术可用来确定基因功能和筛选药性，并可用组合化学技术来加速化合物的生成和测试速度（百倍！）。这种新模式被称为"药物研发三元"模式[3]，该模式可应用于生物信息学。由于它能通过计算机模拟药物发挥效果的过程，故取代了过去仅能在实验室中对化合物和

---

[1] Michael L. Tushman and Philip Anderson, *Managing Strategic Innovation and Change: A Collection of Readings*, New York: Oxford University Press, 1997.
[2] 该框架来自 Seth Taylor（1997）。
[3] Taylor, p.34.

生物体开展的工作。此外，它还能通过机器人技术和微制造技术制造分子水平的新药。

产业链的多元分支使制药行业演变为当今结构最复杂的行业之一。在世界各地，有上千家生物技术公司和大量制药服务公司，用来提供"药物研发三元"模式中的任何一个细节服务。事实上，制药行业产业链中的任何一项都可以外包。① 这种行业分工大大降低了产业链中各环节的进入成本。

为此，各大制药公司纷纷设计新的供应链，它们在内部不做生物科技研发工作，而是通过外包或外购获得相应成果。显然，制药行业的技术脉动速度正在加快，这让大公司别无选择，只能在其传统供应链结构之外积极争夺资源，抢占技术收购先机。这一风潮也激励了许多富有创造力的生物技术专家创办公司，而后再寻求出价最高的买主。

新的竞争压力是造成几起横向合并案的背后主因：1996年，汽巴-嘉基公司（Ciba-Geigy AG）和山德士公司（Sandoz AG）以363亿美元的交易合并成立了诺华公司（Novartis AG）；次年，葛兰素史克公司（GlaxoSmithKline Plc，GSK）和宝威公司（Burroughs Wellcome）以147亿美元的交易合并。② 但这样的合并并不能创造新药，新药才是制药公司价值的最终驱动力，

---

① "A Survey of the Pharmaceutical Industry," *The Economist*, February 21, 1998, special insert, pp.1–18.

② Taylor, p.43.

第5章 链条的优先权：能力链成就企业

合并只是使竞争对手的数量减少了。

生产创新药物需要制药公司要么采用新的研发策略，要么从拥有研发技术平台的公司购买即将试产的新药。目前，制药公司为适应新形势而做的供应链设计，大多是根据"药物研发三元"模式组建联盟。在研发新药的目标带动下，由生物科技公司和全球排名前二十的制药公司所组成的战略联盟，从1988年的85个增加到1996年的200多个。①

史克必成（SmithKline Beecham）的研发总裁乔治·波斯特（George Post）称：

> 在技术研发的成本和复杂性日益提升之时，企业在技术上实现自给自足变得越来越困难。企业必须建立多样化的技术联盟网络，以确保获得竞争与生存所需的各种资源和技能。如何驱使组织架构向上下游（包括供应商、分销商和客户）方向延展，以及如何让联盟网络持续运作，都是企业走向成功的关键所在。②

许多制药和生物技术公司正在寻找方法来控制供应链，从而更好地获得构成"药物研发三元"模式的技术。过去几年，

---

① Taylor, p.44.
② G. Poste, "Managing Discontinuities in Healthcare Markets and Technology: Creativity, Cash and Competition," *Vital Speeches of the Day* 63, no.10, 1977: 309-313.

制药公司与基因组学公司结成的联盟数量几乎呈指数级增长，从1992年的1家增加到1996年的18家。[1] 事实上，前20家制药公司中的大多数都采取了联盟战略，将基因组学、生物测定和组合化学公司串联成一个致力于满足其药物发现需求的"虚拟网络"。

这些联盟网络利用了各种不同类型的财务关系，包括股权投资、制药公司获得的使用生物技术公司技术的许可、药品最终上市前分阶段支付资金、按某些药品销售额支付特许权使用费等。[2] 欧洲制药公司大多青睐于围绕"药物研发三元"模式组建联盟，因为它们过去就专注于以创新驱动的研究，这与美国制药企业以市场需求为导向的模式不同。[3] 例如，到1997年，史克必成已与人类基因组科学公司（Human Genome Sciences, Inc.）在基因组学方面结成联盟，与卡杜斯公司（Cadus）、格利泰克公司（Gliatech）、安瑞斯公司（Arris，现为AXYS Pharmaceuticals, Inc.）和伊沃科技公司（EvoTech, Inc.）在生物测定技术方面结成联盟，与兰花生物计算机公司（Orchid Biocomputer, Inc.）和牛津糖科学公司（Oxford Glycosciences Plc）在组合化学方面结成联盟。同样，罗氏公司（Roche）在基因组学领域与人类基因组科学公司、因塞特制药公司（Incyte Pharma-

---

[1] Taylor, p.46.
[2] 同[1]47.
[3] M. Ward, "Europharmas Increase Stakes in U.S. Biotechs," *Bio/Technology* 14, 1996: 21-22.

ceuticals, Inc.）和千禧制药公司（Millennium Pharmaceuticals, Inc.）结成联盟；在生物测定技术领域与昂飞公司（Affymetrix, Inc.）、极光生物科学公司（Aurora Biosciences Corporation）和开立普科技公司（Caliper Technologies Corp）结成联盟；在组合化学领域与阿兰尼克斯公司（Alanex Corporation）、阿库利公司（ArQule, Inc.）和康比化学公司（CombiChem, Inc.）结成联盟。罗氏公司还持有第三大生物技术公司基因泰克（Genentech）的大量股权。

与史克必成、罗氏等公司制定的水平模块化供应链设计策略形成鲜明对比的是，默克公司——制药公司蓝筹股中的佼佼者，选择保留强大的垂直一体化结构，避免与供应链成员结盟。

默克公司可以说是制药行业的领头羊。1996年8月，雷曼兄弟（Lehman Brothers）分析了70家生物技术公司的样本，这些公司总共有284种正在研发的药物，总市值达到500亿美元。他们将这些样本与默克公司进行了比较，当时默克公司只有26种正在研发的药物，但其市值已达到800亿美元。[①] 造成这个结果的原因可能是市场投资者认为小型生物技术公司将药物研发成功的概率或获得的回报要比默克公司这种大型制药公司低得多，或者他们相信默克公司会像过去一样实现盈利目标。

这也可能是默克公司的供应链设计发挥了作用。与制药行

[①] "Mercky Waters," *The Economist*, May 24, 1997, p.60. 截至1998年5月，默克公司的市值已增长至1 400亿美元。

业的大多数同行不同，默克公司对其独立发展和保持垂直一体化优势的能力表现出极大的信心。[1] 默克公司的供应链设计反映了该公司应对客户和付款人对医疗保健成本日益增加的压力，以及加快研发技术速度的战略。1993年，默克公司斥资数十亿美元收购了美国最大的药品福利管理公司——美可公司（Medco），这在很大程度上确保了默克公司针对任何人类疾病的药物解决方案都能得到公平的听证，至少它会成为美可公司所服务的5 000万美国客户的一种医疗选择。

由于默克公司垂直一体化的程度很高，因而该公司的研发费用仅有5%用于外部支出，而竞争对手的外部支出则高达80%。[2] 默克公司选择将全部药物研发技术内部化，而业内其他公司则选择将其外包。默克公司坚信它所研发的药物质量是无与伦比的，它似乎相信：与诸多竞争对手依赖多方合作的模式不同，从公司内部获得的解决方案质量更高。

时至今日，默克公司仍然屹立不倒。1997年，该公司的销售额和利润创下了历史新高，并成功推出了一系列重要药物。[3] 随着制药行业沿着双螺旋结构从垂直结构向水平结构转变，默克公司能否逆势而上，还有待观察。不过，由于制药行业没有英特尔/微软效应，默克公司的战略即使不比同行优秀，但看起

---

[1] "Mercky Waters," *The Economist*, May 24, 1997, pp.59-60.
[2] 同[1]59.
[3] 同[1].

第5章 链条的优先权：能力链成就企业

来是可行的。虽然事必躬亲会提高生产成本，但高品质产品预计也会带来更高的收益。①

此外，制药价值链上技术接口的模块化可能远不如个人计算机行业，这会增加那些依赖多方合作的公司的交易成本。不过，万一像人类基因组科学公司这种基因工程公司研发出类似Wintel的专利产品②，从而锁定基因工程领域的重要知识，那么未曾与其结盟的企业将会深受打击。

总而言之，为什么说供应链设计是企业的终极核心实力？就戴尔公司而言，它提供了一种成本优势，而且随着行业脉动速度的加快，戴尔公司在成本控制上的优势越来越大。就硅图公司而言，它因疏忽了供应链设计而导致公司惨败。就东芝公司而言，供应链设计为其提供了提高盈利能力的途径。就默克公司而言，它维持特立独行的供应链设计是因为相信其模式优于竞争对手。这样看来，还有什么比供应链设计更值得企业管理者重点关注呢？

这些案例也反映出，无论是脉动速度相对较快的计算机行业，还是脉动速度稍慢（但仍属高速）的制药行业，供应链的设计和管理都相当复杂。虽然默克公司选择了一条与业内许多

---

① 《经济学人》报道称，默克公司的研究主管艾德·斯科尔尼克有时会严厉批评其他大公司的研究标准。例如，罗氏公司用于治疗艾滋病的蛋白酶抑制剂似乎不如同类药物有效，他称其为"对世界的伤害"。参见"Mercky Waters," p.60。
② "Wintel"通常是微软与英特尔组合的缩写，该组合在个人计算机行业占有重要地位。

公司不同的道路，并选择扩展其内部流程以应对市场压力和对新药研发创新技术的需求，但默克公司深刻地认识到，公司的实力取决于不断发展的能力链。

在第6章中，我们将更仔细地研究"延伸企业"中发生的事件，用以了解我们可以得出哪些有关供应链动态规律的推论。接下来，第7章将讨论如何构建延伸企业：故障最有可能发生在哪里？如何避免故障？

第6章

自然法则:"延伸企业"的动态性

有时,脉动速度和波动性在供应链中悄然扩散;有时,它们如雷霆般猛烈蔓延。预知这些变化,将带来丰厚的回报。

大多数有关供应链管理的书籍都将重点放在如何管理供应链中物料和库存的物流问题上。然而,本书的核心关注点是供应链设计——这一环节不仅先于物流和物料管理而存在,还需要预见并应对相关挑战。我的主要目的不是在此讨论那些已在其他地方被充分研究的物流问题[①],但由于诸多要素存在着交集,所以也把这些问题纳入了考量。总之,本章着重探讨供应链设计问题,并提出了一些优化和改进供应链管理的结构化

---

① Hau Lee and Shu Ming Ng, eds., *Global Supply Chain and Technology Management*, Miami: Production and Operations Management Society, 1998; Ram Ganeshan, Michael Magazine, and Sridhar Tayur, eds., *Quantitative Models for Supply Chain Management*, Amsterdam: Kluwer Publishers, forthcoming.

方案。

具体说来,我将从供应链动态的两条法则展开讨论。第一条是"波动放大法则"(volatility amplification),在供应链管理领域更广为人知的是"牛鞭效应"(bullwhip effect)或"啤酒效应"(beer game effect)①,也就是越靠近供应链的上游(即越远离消费者),供应链上需求和库存的波动往往会扩大。本书重点探讨这一现象所引发的某些供应链设计问题。

第二条法则可以说是全新的法则,是在本书中首次提出的,我将其称为"脉动速度放大法则"(clockspeed amplification),即越靠近供应链的下游(即越接近消费者),脉动速度往往会显著加快。②

在描述了这两条法则所揭示的动态机制后,我进一步探讨了它们对供应链分级现象的影响,而这种分级的日益增加,已成为供应链设计与管理中的重要趋势。所谓的"分级",是指复杂产品(如计算机、汽车或飞机)的设计者或组装商将复杂系统外包给"一级"供应商,而这些一级供应商将子系统外包给"二级"供应商,随后二级供应商又将次级子系统外包给"三

---

① Jay W. Forrester, "Industrial Dynamics: A Major Breakthrough for Decision Makers," *Harvard Business Review* 36, no. 4, 1958: 37-66.

② 这一"脉动速度放大法则"或许称为"假设"更准确,它是一个有潜力成为法则的候选。要完全理解它,还需要更多的理论和实证研究。

Nitindra Joglekar and Charles Fine, "Decomposition of Clockspeed within Technology Supply Chains," working paper, Massachusetts Institute of Technology, Cambridge, Mass., 1998.

第6章 自然法则："延伸企业"的动态性

级"供应商，如此逐层推进。与这一方法形成鲜明对比的是，在20世纪80年代及更早的时期，许多美国的大型制造商往往只将非常简单的单个零部件外包给一级供应商，而将大部分系统和子系统的集成工作留在内部完成。①

法则一：波动放大法则

在1995年麻省理工学院举办的一次供应链研讨会上，美国仅存的大型机床企业之一——辛辛那提米拉克龙公司（Cincinnati Milacron）的时任副总裁理查德·凯格（Richard Kegg）用一张墓地的幻灯片开场。该幻灯片展示的每块墓碑上都刻着一家已经倒闭的美国机床企业的名字。这一画面传递的信息非常直白：在供应链体系中，机床企业正濒临灭绝。为了更深入地理解这一现象，我们可以参考图6-1中的数据。

1961—1991年美国国内生产总值（GDP）上下波动的幅度为±2%到±3%，汽车生产的上下波动幅度为±20%，但机床行业的订单波动幅度却达到了±60%至±80%。每一次周期性的急剧下滑，机床行业"墓地"中的"人数"就大幅增加。图6-2无可辩驳地展示了这一现象：供应链一端的波动可以在另一端掀起海啸。

---

① Kim Clark and Takahiro Fujimoto, *Product Development Performance*, Boston: Harvard Business School Press, 1991.

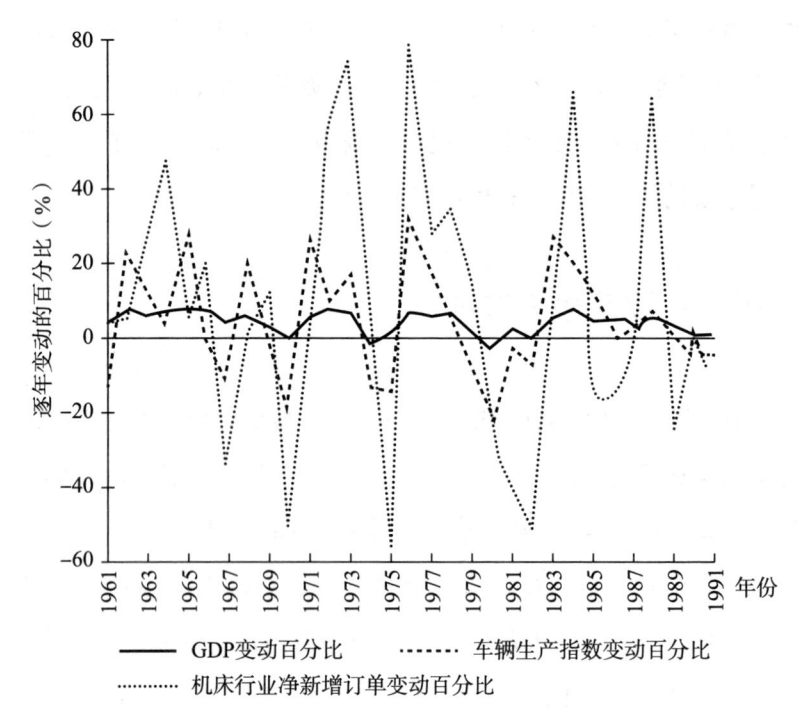

脉动速度：短期优势时代的制胜法则

——— GDP变动百分比　　‥‥‥‥ 车辆生产指数变动百分比
‥‥‥‥ 机床行业净新增订单变动百分比

图6-1　供应链的波动放大效应：机床行业处于牛鞭效应的尖端①

资料来源：美国，1961—1991年（GDP、车辆生产和机床订单数据）。

客户　零售商　分销商　工厂　一级供应商　机床设备

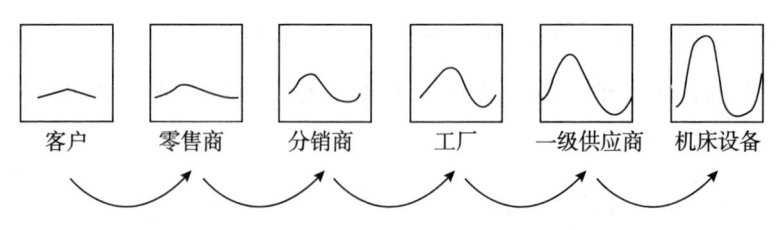

图6-2　牛鞭效应：供应链上游的波动性渐增

---

① Edward Anderson, Charles Fine, and Geoffrey Parker, "Upstream Volatility in the Supply Chain: The Machine Tool Industry as a Case Study," working paper, Massachusetts Institute of Technology, Cambridge, Mass., 1996.

· 114 ·

第6章 自然法则:"延伸企业"的动态性

这一现象揭示了供应链动态的第一条法则:商业周期的波动性会随着向供应链上游推进而放大,即从客户端到技术供应商逐渐放大。我认为,这一现象具有与物理学定律相同的地位,因为大量的实证和理论研究(大多出自麻省理工学院)已经证实了这一点。

波动放大法则在多个环节都有体现。例如,在电子行业,当计算机购买需求放缓时,芯片制造商会立即感受到需求急剧下降,而且无论是大型还是小型的设备制造商,都会觉得自己仿佛正在急速坠入悬崖。

波动放大现象的来源是什么?为了形象地理解这一现象,可以把供应链上游的成员比作经济之鞭的末端节点。而鞭子的握把好比经济中的消费者端,它在某个时点可能会遭遇一个小小的"波动"——可能是联邦储备委员会调整了利率,可能是新总统当选,或者可能是有数千万消费者坚持要接入互联网,就像手腕轻轻一挥。在这样的"波动"之后,供应链内部通常会出现一些信息滞后(反映需求变化需要一定时间)、交货滞后(调整库存和供应链的流动水平需要一定时间)、对触发事件规模的误解或错误判断、过度或不足的订货(调整需求水平时可能会出现过度订货或订货不足的情况),以及订单或裁员的批量波动。这些效应会不断积累,最终在供应链中逐级放大。

供应链的上游成员将感受到与经济中的消费者端相同的周期性波动,但由于他们处于"鞭子的末端",所经历的波动更为剧烈、传导速度更快，因而效果也更为显著。原本在一端只是轻轻地一挥手腕，到了另一端却像鞭子甩出一般，以锐利的"啪"声引发强烈的冲击。

历史上，机床生产厂商曾尝试通过将销售转向出口市场来缓解需求波动，尤其是在国内市场出现萎缩时。当然，如果国内外主要机床市场同时陷入衰退，这种周期性的波动就无法通过出口来解决。此时，转向出口市场的策略也会受到全球市场竞争激烈程度的制约。美国、日本、德国、瑞士和意大利等国的公司在国内经济低迷时往往加强出口，同时在本国市场上与本土竞争对手展开激烈的竞争。

东芝公司针对资本设备需求波动制定了一个独特的战略，它设立了一个中央部门，负责为各个产品制造部门提供生产设备。当某个产品部门的需求放缓时，员工会被调派到其他部门的设备项目上。尽管那些通常从事半导体设备工作的员工在设计和制造切削金属机床时可能效率较低，但一些技能（如控制程序编程）可以较为轻松地转移应用。这一做法还鼓励将一个领域的见解和专业知识应用到其他领域。

许多美国机床制造商传统上采用收集大量积压订单的策略，以便在经济低迷时期渡过难关。积压的订单意味着，当订单减少时，机床制造商不会面临自身生产能力过剩的问题。在美国机床行业几乎没有外国竞争的情况下，这一策略曾有效运作，尽管客户对此并不十分满意。然而，在20世纪70年代—80年

第6章 自然法则："延伸企业"的动态性

代，外国竞争者凭借新技术、具有竞争力的价格以及快速交货的优势，开始挑战美国机床公司在美国市场上的地位。到1986年，美国机床行业陷入了困境。

波动性问题是机床行业永远不能掉以轻心的一个原因。业界普遍认为，机床行业是任何国家的战略性资产，因而企业领导者、顾问、学者以及政府官员都在不断关注这个行业的未来命运。[1] 类似地，企业有时也会拥有一些战略性供应商，它们必须保护这些供应商免受波动放大效应的冲击。

辛辛那提米拉克龙公司与市场波动

以辛辛那提米拉克龙公司为例，它是美国机床行业在过去30年大变革中为数不多的几家幸存者之一。在任何时候，接下来的一个季度都可能出现100%的订单增长，完全超出公司应对的能力。同样不可预测的是，公司也可能经历高达75%的订单骤降，迫使其为了确保短期流动性和生存，不得不寻求囤积现金，同时裁减一些技术含量高且难以替代的员工。

供应链厂商的合作是脱离困境的一个途径。在米拉克龙公司的案例中，它的一个非常重要的客户是波音公司。之所以说波音公司是个"好客户"，并不仅仅因为波音公司购买的机床数

---

[1] Michael Dertouzos et al., *Made in America*, Cambridge, Mass.: MIT Press, 1989, Chapter 1 and Appendix E; Max Holland, *When the Machine Stopped*, Boston: Harvard Business School Press, 1989.

量超过其他客户，而是因为波音公司本身也处于一个周期性行业，深刻理解周期性行业固有的脆弱性。波音公司能够理解，在米拉克龙这样的公司遭遇大规模裁员后，要重新组建一支世界级的高技能劳动力队伍，需要巨大的时间成本。如果在经济低迷时期波音公司的机床订单减少，或者机床行业整体遭遇衰退，波音公司可能会为米拉克龙公司提供特别的研发项目："你们能否开发一种实现自动化生产过程的工具？"公司管理层可能会提出这样的建议。[1] 即使是这种小规模的努力，若恰逢经济周期的低谷期，也能显著缓解最严重的损失。[2]

否则，企业往往会倒闭，或者削减重要的技术能力。如果你不确定公司能否撑过下一个季度，那么负责下一代产品研发的人员就会成为"可有可无"的。历史上，经历过大幅波动的行业往往难以开发和维持内部的技术能力。当经济下行时，企业往往不得不削减大量的研发投入。因此，如果像米拉克龙公司一样，能够拥有一个愿意在经济低迷时伸出援手的客户，那就显得尤为幸运。

波动性及其对供应链设计的影响

在日本，绝大多数机床产业都存在于大型制造公司内部。

---

[1] Richard Kegg, personal interview, Cincinnati, Ohio, June 1993.
[2] Edward G. Anderson and Charles H. Fine, "Business Cycles and Productivity in Capital Equipment Supply," Chapter 13 in Ganeshan, Magazine, and Tayur.

第6章 自然法则:"延伸企业"的动态性

丰田、日产、本田、三菱、东芝、日立——这些公司都有自己的机床公司。在这种垂直一体化的企业结构中,客户通常承诺负责处理波动性较大的上游领域,因而公司管理层不必因为暂时(尽管可能非常严重)的经济下行而裁员或放缓新产品开发活动。然而,在美国,绝大多数机床公司是独立的,它们处于市场主导的环境中,必须承受波动带来的全部冲击。

波动对供应链设计和管理的影响是什么?你越是往上游看,就会看到越多的波动性。如果客户不花时间(或资源)考虑其核心技术供应商的健康状况、存续性以及可能的独立性,那是非常愚蠢的。

考虑到美国汽车工业与机床工业的关系,当底特律的汽车制造商采取了"关心机床行业的健康不是我们的事,那些人是独立的商人,如果他们值得合作,就应该自行维护自己的利益"这样的态度时,他们实际上没有意识到,机床企业在没有帮助的情况下是无法自我维持的。美国曾是全球机床行业的领导者,但在20世纪80年代,随着日本和德国的崛起,美国在这一高科技、高附加值领域逐渐落后。

1994年,我在名古屋郊外的丰田市丰田公司制造总部向一群高层管理人员讲解了这些理念。在我为丰田公司做报告的前一天,我访问了日本第二大独立机床公司——大隈公司(Okuma)。大隈公司的管理层向我讲述了该公司自成立百年来的辉煌历史,但也对该公司在历史上首次面临的裁员问题感到遗憾——大约裁减了 30% 的员工。经过我向丰田公司的高层详细讲述了大隈公司面临的困境，以及供应链动态的第一条法则后，丰田公司的高层们回应道："这不关我们的事，大隈公司是独立公司，如果它在 20 世纪 80 年代由于订单激增而过度扩张产能，那就得自己想办法来解决。"

我的回答是："这正是美国汽车行业多年来采用的态度，看看它最终拥有的机床基础设施吧！如果日本最大的、最强大的制造商丰田公司都不关心日本的工业制造基础设施，那谁还会去关心呢？"

第一条法则的教训是什么？没有哪家公司是孤岛。每家公司都依赖于其他公司，形成庞大的供应链和分销链。因此，将战略局限于企业内部，就像是固守这些所谓的公司边界一样毫无意义。

个体能力是当今商业战略的基石，也是其基因材料。如果一个关键能力恰好存在于你的机床供应商那里，你必须将其视为与你办公室邻桌的关键能力一样珍贵。竞争优势来自商业的 DNA——那些流入、贯穿并环绕公司法律边界的能力链。简言之，单一的公司战略是不够的，能力链战略必须作为补充。

法则二：脉动速度放大法则

无论是实践者还是理论家，都花费了许多年试图理解供应

第6章 自然法则："延伸企业"的动态性

链波动的放大现象。相比之下，我们对供应链动态中的第二条法则的理解还处于起步阶段：越接近供应链中的最终客户，波动速度越快。

图6-3用一个简化版的光纤通信技术供应链来说明这一法则。在链条的上游，我们有光纤电缆，这种电缆由康宁公司（Corning）和AT&T在20多年的时间里共同研发。它可以被描述为一种稳定的产品技术，其生产工艺技术的改进速度较为平缓。[①] 光纤电缆是信息高速公路的高带宽通信通道，在可预见的未来将继续发挥重要作用。这里没有什么"果蝇"般的短命技术。

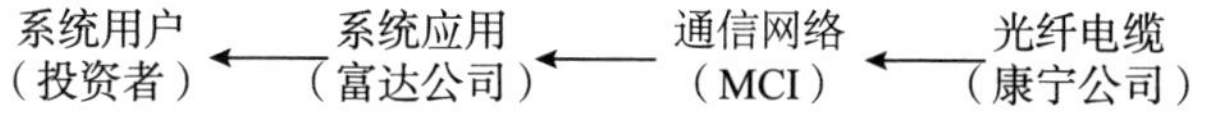

系统用户（投资者） ← 系统应用（富达公司） ← 通信网络（MCI） ← 光纤电缆（康宁公司）

图6-3 IT行业中的脉动速度放大法则

从光纤电缆向下，供应链的下一级是通信网络。电缆和连接被埋设在道路、建筑物和海洋下，预计它们将保持原位并服务多年甚至几十年。尽管交换技术在不断发展，但这些系统的基本架构变化不大。其本地版本——局域网（LAN）——具有非常相似的结构。脉动速度在这里较快，但并不至于成为压倒性的。AT&T、MCI、Sprint以及其他众多公司都在这个领域，而且它们的生存似乎并不依赖于网络技术差异。

在供应链的下一级，即系统应用和互联网应用软件领域，

---

① Charles Fine and Lionel Kimerling, "Biography of a Killer Technology".

脉动速度明显加快。为了创造新的互联网可访问产品和服务，软件正在不断地被开发。以富达共同基金为例，作为应用程序（用于通过互联网向客户销售金融服务）开发者，其不断推出新的互联网服务。此外，作为供应链中的最后一环，考虑某个人投资者，他不断调整自己的投资组合策略，并利用富达共同基金的网页工具来实施投资变动。这里的脉动速度非常快：这种共同基金的策略变化几乎与《华尔街日报》的发行频率一样快。

第二个例子将考虑另一个电子世界中的供应链——互联网内容网站开发的链条，见图6-4。在链条最下游（左端），典型的网页内容的生命周期远远短于果蝇的生命周期，网页内容通常会在每天或每周内发生变化。上游是个人计算机的供应商（如戴尔和康柏）。在这些供应商的产品中，产品的市场生命周期平均为4~6个月，然后就会被重新设计或升级。PC制造商使用的微处理器（主要来自英特尔）的生命周期通常为2~4年，

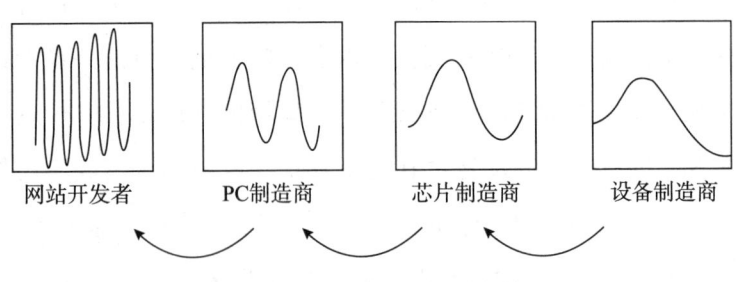

随着接近最终客户，脉动速度加快。
震荡的是产品、工艺和供应生命周期。

图 6-4 IT 行业中的脉动速度放大法则

第6章 自然法则:"延伸企业"的动态性

而后才会进行一代代的技术更新。最后,芯片制造商从设备供应商(如尼康和应用材料公司)处购买半导体制造设备,这些设备的更新周期为3~6年。

无论我们从哪里观察,都能看到自技术源头到客户应用过程中,脉动速度正在剧烈加快。由提供给最终消费者的差异化产品和服务所带来的高回报,不断推动着产品的更新换代。在技术端,大量的技术基础设施投资使得这些投资难以快速淘汰,同时也限制了全新技术的快速发明和商业化。当然,资产的过时是不可避免的,比如在半导体行业,其更替速度相对较快。然而,虽然半导体工厂可能很快过时,但下游使用这些芯片的计算机和消费电子产品则会使这个过程加快。

供应链分级与竞争依存性

如何应用这些供应链动态法则?要探讨这个问题,就需要先考虑供应链发展的最新趋势,其中有两个突出特点:供应链分级和竞争依存性。供应链管理中的第一个重要趋势是供应链分级。

直到20世纪90年代,福特汽车拥有几千个供应商——这些独立的公司均有自己的问题要解决,需求要满足。福特汽车的管理者负责与每个供应商打交道,并保持整个系统的正常运转。在20世纪80年代—90年代,福特汽车像施乐公司和许多其他公司一样,开始大幅减少供应商的数量,并将供应商群体改为多层级设计。福特汽车的管理人员继续与一级供应商打交道,这些供应商提供重要的汽车系统,如内饰或制动系统。但现在,一级供应商被期望具备空前的产品开发和项目管理技能。例如,他们必须管理一群二级供应商,而这些二级供应商则管理他们的三级供应商,依此类推。

这种趋势给整个供应链带来了震荡。供应商们争相学习一整套全新的管理技能,以承担这一额外的巨大负担。在短期内,这种需求会让供应商倍感压力,但新机会往往也会激发新的管理能力的成长,使得成功的公司在未来能够更容易地扩展业务。福特汽车和其他公司因此排除了许多昂贵且困难的任务,但它们在这样做的同时,也放弃了在此前结构下所拥有的一些知识和控制权。

供应链管理中的第二个重要趋势是对竞争依存性的日益认可。英特尔、摩托罗拉、得州仪器等公司在微处理器市场上历来是宿敌,但在涉及世界上最大的半导体制造设备供应商——应用材料公司等企业的强大能力时,它们的利益却是一致的。半导体行业比许多其他行业更早地认识到这一点,并组织了Sematech(美国半导体制造技术联盟)以应对这种竞争依存性。

Sematech最初是为了应对美国对"日本公司"在半导体领域的崛起的担忧而成立的。[1] 20世纪80年代中期,在日本公司

---

[1] Helmut Willkie et al., *Benevolent Conspiracies: The Role of Enabling Technologies in Reframing the Welfare of Nations, The Case of SDI, Sematech and Eureka*, Berlin: Walter De Gruyter Inc., 1995, Chapter 2.

第6章 自然法则："延伸企业"的动态性

的侵蚀下，美国半导体行业以每年几个百分点的速度失去市场份额，而半导体设备供应商的市场份额下降速度则是这个速度的 2 倍。激烈竞争的美国芯片制造商意识到，为了生存和竞争，它们必须在一些共同利益领域找到合作方法。当时，它们的目标是维持一个在技术和经济上都强大的美国供应基础。如今，Sematech 和 Semi-Sematech（供应商联盟）作为私有联盟继续存在，它们致力于开发达成共识的技术路线图，以引导这一脉动速度快的行业的发展。通过分享最有前景的技术方向的信息，这些联盟力求降低所有成员的投资风险。

应用供应链动态法则

鉴于供应链分级和竞争依存性的趋势，我们可以应用供应链动态的第一条和第二条法则来预测未来几年企业将面临的一些挑战。然而，这些结论恐怕不是企业愿意听到的：

- 每一层都会增加放大效应。
- 越多的层级意味着越大的放大效应——无论是在波动性还是在脉动速度方面。

这两个结论表明：企业应对波动性和脉动速度放大的挑战的需求只会不断增加。那么，如何利用这些法则在供应链设计中获取优势呢？我们看到了戴尔公司的例子。迈克尔·戴尔的供应链设计表明：更多的层级和更长的供应链时间意味着更多的波动性和更为剧烈的变化。戴尔的设计通过最小化供应链的分级和时间,取得了巨大的优势。

亚马逊及其供应链设计

另一个通过使用供应链设计法则来打破行业平衡的组织是亚马逊(Amazon.com)。亚马逊通过其互联网书籍销售服务,与博德斯书店(Borders Books)、巴诺书店(Barnes & Noble)以及那些经营已久的社区书店展开竞争,彻底改变了买书和卖书的流程,也改变了大多数人对如何构建互联网商业的想法。[①]

美国的书商主要针对两类高端客户:一类是喜欢在咖啡店里边品尝咖啡边翻阅书籍的客户,另一类是那些希望能快速、便捷地在家或办公室购买图书的客户。这一差异与戴尔与其竞争对手康柏、惠普、IBM 等公司之间的竞争非常相似。戴尔提供的是通过互联网快速购买计算机的体验,适合那些已经知道自己需要什么的客户。而在另一条竞争渠道中,计算机是通过经销商销售的,因而零售店需要有库存,让客户能在购买前看到和触摸到实物。

尽管到 1998 年初亚马逊仍在报告亏损,但其市场价值已达到 20 亿美元,而且主要受益于以下三类资产:第一,亚马逊在供应链上的成本与戴尔类似。也就是说,缺少零售店意味着物

[①] 感谢 1998 年麻省理工学院 LFM 项目毕业生兰斯·曼斯菲尔德(Lance Mansfield)对亚马逊供应链设计战略的阐述。

第6章 自然法则:"延伸企业"的动态性

理供应链中的环节较少,从而减少了链条中的库存。第二,亚马逊借助 30 000 多个网站合作伙伴在互联网上占据了大量的市场份额,而与其最接近的竞争对手巴诺书店仅拥有 5 000 个合作伙伴,这是一项很积极的联盟战略。[①] 第三,亚马逊不仅卖书,还吸引了大量的"眼球"(即访客),这些访客可能会受到其他广告商的营销信息影响。尽管亚马逊花了 27 个月才吸引到第一百万个客户,但吸引到第二百万个客户仅用了不到 6 个月的时间。[②]

迄今为止,亚马逊尚未充分利用其结构性的供应链优势,因为它依赖于像美国书籍批发商英格拉姆图书集团(Ingram Book Group)这样的中间商,后者通过管理物流和供应链中的必要库存来发挥其规模经济效益。[③] 然而,随着亚马逊交易量的增加,它能够通过自建仓储系统来处理越来越多的高销量图书,从而大幅提升其利润率。这些高销量图书类似于戴尔存储的高价值组件:它们周转速度快,因而持有成本低。

亚马逊的商业模式还为其提供了另一个竞争优势。图书出版行业的传统是:零售商不仅需要提前大批量采购图书以备销售,还可以退还所有未售出的图书给出版商。这一政策给出版

[①] David Plotnikoff, "Cyber Sellers Nab Browsers before They Know It," *San Jose Mercury News*, May 17, 1998, p.1E.

[②] "Amazon's a Good Read," Cable News Network, Financial News on the Web, April 27, 1998.

[③] Anthony Bianco, "Virtual Bookstores Start to Get Real," *Business Week*, October 27, 1997, pp.146–148.

商带来了极高的成本,因为大量的图书会被退货并最终销毁。由于亚马逊不需要在实体店中存放大量图书库存,因而它能大大减轻出版商的负担,这也使得出版商更倾向于支持亚马逊。

当然,像博德斯书店和巴诺书店这样的竞争对手并没有停下脚步。它们都推出了自己的大型网站来销售图书。尽管巴诺书店在1998年第一季度的互联网销售额为900万美元,但其亏损了1.34亿美元。一位分析师这样描述这场竞争:"巴诺书店已向亚马逊宣战。1998年,它们将在广告上花费2 500万～3 000万美元,希望能带来约1亿美元的收入。"① 然而,正如康柏在销售计算机时所发现的那样,巴诺书店越成功,其零售商就可能越愤怒——这可能为巴诺书店在电子商务中的激进策略设置了一些内在的限制。

总体而言,亚马逊的供应链更短,因而经历的库存波动较小。亚马逊可以将一本书永久地保留在虚拟"库存"中,几乎不需要成本,从而延长了图书的零售生命周期(和加快了脉动速度),减缓了它被销毁的进程。亚马逊还能通过集中库存来满足所有需求,从而比博德斯书店和巴诺书店分布在各地的实体店需要更少的库存。

无论竞争结果如何,亚马逊的例子表明:现在的竞争焦点

---

① Donald Trott, analyst for Brown Brothers Harriman, New York, as quoted in "Online Book Wars Rev Up," Cable News Network, Financial News on the Web, May 21, 1998.

第6章 自然法则:"延伸企业"的动态性

已经转移到供应链设计上。供应链不只是企业战术的一部分,而是要融入企业的战略规划中。要有效地制定这一战略,首先要清楚自身供应链的设计、各方在供应链中的角色以及"脉动速度瓶颈"所在。下一章将提供工具,帮助你描绘并评估当前的供应链与理想的供应链,以便更准确地识别供应链中的机会和威胁。

第 7 章

基因图谱：企业链条的战略评估

脉动速度分析的实践始于对现有能力链条的绘制，旨在识别其中的薄弱环节与潜在机会。

研究人类基因组需要进行 DNA 图谱分析，与此类似，理解并重新设计企业的能力链同样要从绘图开始。这一过程类似于对人类基因组进行图谱绘制，理解并重新设计一个企业的能力链同样要从绘制一张图谱开始。这张图谱不仅要描绘出参与企业活动的各方组织，还需要清晰标识出它们提供的子系统、它们带来商业价值的能力以及各方在最终产品中所做出的技术贡献。有时，这种领悟往往来自最意想不到的源头。

克莱斯勒公司和猫砂

在 20 世纪 90 年代，克莱斯勒公司通过将供应链设计打造为

第7章 基因图谱：企业链条的战略评估

企业的核心竞争力，成为行业的领军者。推动这一战略的核心人物是托马斯·斯塔尔坎普（Thomas Stallkamp），他在担任采购与供应执行副总裁期间，亲自设计并完成了这一供应链转型。1997年，克莱斯勒董事会打破行业传统，任命斯塔尔坎普为公司新一任总裁。随后，在1998年，当戴姆勒-奔驰公司宣布与克莱斯勒公司合并时，新的组织架构中设置了两位首席执行官——分别来自克莱斯勒公司和戴姆勒-奔驰公司，但全球总裁只有一位，那就是斯塔尔坎普。随着20世纪90年代汽车行业脉动速度的加快，克莱斯勒公司和斯塔尔坎普引领汽车行业，率先将加快脉动速度的原则应用到供应链设计中。

克莱斯勒估计，大约有500万人和10万个组织参与了公司的"延伸企业"。网络中的每个人和每个组织都以某种方式影响着客户对质量的感知——无论是当她驾驶着新车或二手卡车从经销商的停车场驶出，还是驶上公路。正因为如此，克莱斯勒意识到协调这样一个规模庞大的超大组织所带来的复杂性。因此，在20世纪90年代初，克莱斯勒采购与供应部门的团队决定开始绘制这一庞大系统的蓝图。

该团队首先从吉普大切诺基（Jeep Grand Cherokee）入手——这是当时克莱斯勒公司最重要的产品之一。[1] 接着，他们

---

[1] 这一轶事由克莱斯勒平台供应执行董事巴里·普赖斯（Barry Price）在麻省理工学院主办的研讨会上分享。Barry Price, "Creating and Managing Corporate Technology Supply Chains," Massachusetts Institute of Technology, Cambridge, Mass., May 10–11, 1995.

往上追溯，考察了吉普车 V-8 发动机的来源——显然，这一重要子系统是由克莱斯勒公司的自有工厂生产的。

在供应链的下一级，该团队追溯到了滚轮式气门挺杆的来源——这是发动机中一个虽小却至关重要的部件。这个部件由伊顿公司（Eaton Corporation）提供，伊顿公司是一家全球大型汽车零部件供应商，专门大批量生产这些零部件。

再往下一级，该团队走访了伊顿公司通过精密加工就可用于制造滚轮式气门挺杆的金属铸件来源地。这些铸件由伊顿公司从一家靠近其工厂的小型铸造作坊采购。在访问了铸造作坊后，该团队决定继续追溯，前往为铸造作坊供应黏土的公司。

当他们到达黏土供应商时，该团队发现了一个令人震惊的情况：这家供应具有独特化学成分的黏土的公司已经亏损了一段时间。更令人震惊的是，该公司的老板并未通知供应链的其他成员，而是决定退出这一不盈利的铸造黏土业务，并将公司的重心转向用相同原料制作猫砂！试想，当时克莱斯勒公司的高层在看到彼此的表情时一定充满震惊与恐惧，因为他们迅速意识到，这一进入猫砂业务的战略转型很可能会导致克莱斯勒公司最盈利的产品线之一面临停产。

绘制供应链图谱的动力

我曾与一家半导体公司合作，该公司拥有几家资本密集型

第7章 基因图谱：企业链条的战略评估

芯片厂，而且它处于这些芯片厂的瓶颈工序上，面临着高昂的维护成本。在调查其中一项关键的高消耗备件的供应链时，公司管理层在一家四级金属电镀供应商那里发现了一个"宝藏"——该供应商的一家重要工厂的员工将有剧毒的电镀废料直接倾倒在自家后院。这一发现令公司管理层震惊不已，原因不仅是破坏环境，还因为这可能导致供应链上的所有成员共同承担因破坏环境而产生的潜在责任。更糟糕的是，如果无法快速找到替代方案，那么停产必然会导致产量损失。

企业管理者可以追溯每一种在产品于生产、分销和营销过程中使用的物品的来源。绘制供应链图谱的动力恰恰在于那些有时令人震惊的发现。这些发现可以帮助企业管理者预见未来潜在的危机，如果现在采取必要的措施来解决问题，就有助于避免危机的发生。然而，要充分利用这些对当前或未来压力点的预判，你需要掌握制图师的技巧。

在典型的地图集中，一张地图通过颜色编码显示该地区所有城市的年降水量或气温；另一张地图展示的是人口密度或收入分布；还有一张地图展示地势的起伏变化。要彻底了解一个地区，你必须查看所有的地图。同样，要全面理解一条能力链，你需要从多个维度来观察它，即从组织、技术和能力的角度绘制它。

本章将通过四个案例研究，展示绘制供应链图谱的多样性和丰富性，以及从这些图谱中提取的脉动速度分析。首先，我将继续前文的克莱斯勒案例，展示可以绘制供应链图谱的三个层次：组织链、技术链和能力链。接下来，我将介绍一个联信公司（AlliedSignal）在化学生产领域的案例，用于说明在这些链条中，我们可以观察并应对由产品脉动速度、工艺脉动速度和组织脉动速度加速所引发的管理挑战。最后，我将介绍一种动态脉动速度分析方法，并通过国防航天和资讯娱乐业中的案例加以说明。

克莱斯勒公司的三种供应链图谱

图7-1展示了三种供应链图谱的绘制方法，并进一步阐述了前面提到的克莱斯勒案例。这些图谱揭示了三个供应链绘制的层级，可以帮助识别供应链中的潜在问题和机会。第一

组织供应链

| 克莱斯勒公司 | 伊顿公司 | 铸件供应商 | 黏土供应商 |

技术供应链

| 发动机 | 气门挺杆 | 铸造工艺 | 黏土化学 |

商业能力链

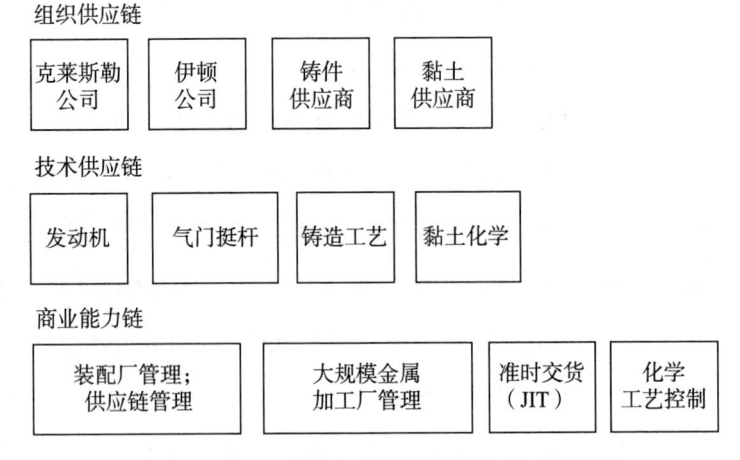

| 装配厂管理；供应链管理 | 大规模金属加工厂管理 | 准时交货（JIT） | 化学工艺控制 |

图7-1 组织供应链、技术供应链和商业能力链

第 7 章　基因图谱：企业链条的战略评估

层——绘制组织供应链——在概念上是简单的，但在实际操作中可能非常复杂，特别是对于那些涉及大量供应商和合作方的企业而言，因为绘图所需的数据通常由公司在其客户和供应商数据库中保存。第二层和第三层——绘制技术供应链和商业能力链——无论是在概念还是在实际操作上都更具挑战性。要绘制这些供应链所需的数据并不在现有的数据库中，而是需要由深度参与公司技术与业务流程的人员来收集和构建。

绘制链条图为揭示价值链中的风险与机会提供了宝贵工具。管理者通常最熟悉的是组织供应链图，它展示了从最上游的供应层级开始，到最终客户的所有组织和环节，这些组织在链条中增加了价值。尽管在抽象层面上，这一任务容易构思，但实际上却极为复杂——就像克莱斯勒公司估计的其"延伸企业"中有多达 10 万个组织一样，足见其复杂性。

由于绘制这样一个完整的链条图显然是一项庞大的任务，因而必须谨慎选择哪些环节需要特别详细地探讨。最重要的是要仔细分析那些具有明确战略意义的环节，以及那些脉动速度较快的环节，因为脉动速度较快的领域往往最容易引发戏剧性的产业重组。

绘制这样的图谱与创建家谱有些相似。无论是从产品视角还是过程视角出发，首先要列出所有为公司提供原材料或零部件的供应商（并明确指出这些原材料或零部件是什么），这些是公司用来提供其产品和服务的基础。接下来，追溯这些供应商之间可能存在的任何联系（例如，某家公司是否同时为公司和其供应商提供相同的原材料）。这样的分析有助于识别潜在的未来冲突，特别是在某种原材料供应突然受到威胁的情况下。接下来，列举下一层级的供应商，即供应商的供应公司，比如为克莱斯勒铸造车间提供必需产品的黏土供应商。这一部分的绘图可能变得极其复杂和细致，而且可以在图中表示的层级数量没有上限。这种图的核心价值不在于其复杂连接的细节，而在于它能够帮助公司或行业准确预测未来走势。

下一个挑战是绘制技术供应链图。即便是技术相对简单（比如互联网服务器和电子邮件技术）的公司，也需要追溯公司上下游的技术依赖关系，明确提供和使用这些技术的供应商及客户（这些技术可能超出了你的直接视野）。这些依赖关系可能会成为关键因素。

产品和工艺工程师必须与采购和供应专家一起，仔细梳理产品物料清单和制造、组装工艺计划。绘制公司价值链中关键技术的图谱，能够帮助你直观看到各种技术之间的联系以及公司自身的能力，而且能够在出现技术故障或技术不可用时提前规划替代方案。与组织供应链类似，完整的技术链条图通常也非常庞大。因此，需要深思熟虑地识别出链条中那些具备高杠杆效应、高风险、高脉动速度和高潜力的关键环节，再将它们绘制成可用的工具。

图 7-1 中的图谱突出了克莱斯勒产业链中的几个关键技

第7章 基因图谱：企业链条的战略评估

术——发动机、气门挺杆、铸造工艺和黏土化学等。其他的例子包括默克公司在基因组学领域的关键技术、施温自行车公司采购的自行车零部件以及东芝公司所使用的光刻技术。在每一个案例中，我们不仅要理解某一项技术，而且要解读和分析整个技术链条。

其中，最具概念挑战性的是商业能力链的绘制。要完成这项任务，需要一个团队，其成员应当是熟悉组织关键业务流程（如产品开发、研发、生产、采购、物流、人力资源等）的专家。这个团队的任务是识别和绘制出价值链中的关键业务流程。

图7-1中的图谱再次展示了克莱斯勒产业链中的若干关键能力：装配厂管理、供应链管理、大规模金属加工厂管理、准时交货（JIT）以及化学工艺控制等。其他示例还包括亚马逊网站的开发、戴尔公司持续的产品升级与物流管理以及默克公司基于科学的研发管理。

链条绘制的价值给我留下了深刻的印象。几年前，小贝尔公司（Baby Bell）的一群高管联系我，想寻求关于一个新兴电信合资企业的建议。起初，他们很难确定链条中的成员是谁。接着，他们讨论了某些环节是否重要，是属于一级供应商还是二级供应商。他们对每个组织在链条中的具体贡献也没有清晰的认识。在我们讨论的过程中，很显然，他们对链条成员之间的关系缺乏足够的理解。

我建议这些高管绘制他们的产业链，以此回答关于链条成员相对重要性的问题。这次练习对他们来说是一次深刻的启示：他们意识到链条在概念上是分层组织的，但这种结构往往被忽视。该公司支付了一级供应商与二级供应商打交道的费用，但又花费大量时间和精力与这些二级供应商直接对接。

更重要的是，这些高管还发现，现有链条中的某些部分根本不合逻辑：有些环节几乎没有增值作用；某些供应商的存在是基于过时的关系，而这些关系早已失去了经济上的合理性。

公司高管们开始更加关注自己在链条中的角色，并提出了尖锐的问题：为什么我们还在内包这个价值链的某些环节？现在是否真的存在比较优势？曾经有过比较优势吗？一次次地，经理们发现：许多做法源于过时的决策，而这些决策如今已经不再合理。这次链条绘制练习促使公司高管们开始提出这些至关重要的问题，并最终推动他们对整个产业链进行重新设计。

联信公司的产品、工艺和组织脉动速度

联信公司的聚合部门（AlliedSignal Polymers，ASP）是该公司旗下一个垂直一体化、以流程为导向的业务部门。[1] 联信公

---

[1] Christopher Mastro, "Manufacturing Policy in a Slow-Clockspeed Industry," unpublished paper, Massachusetts Institute of Technology, Cambridge, Mass., 1998; Christopher Mastro, "Using Six Sigma to Optimize a Continuous Chemical Process at AlliedSignal, Inc.," unpublished thesis, Massachusetts Institute of Technology, Leaders for Manufacturing, 1998.

司是一家《财富》百强制造企业,拥有多个多元化的业务单元。ASP 的内部价值链包括两家化工厂、两家纤维厂(分别位于弗吉尼亚州的切斯特菲尔德和南卡罗来纳州的哥伦比亚)、一家薄膜厂以及一家塑料厂(见图 7-2)。尽管这些产品和工艺在过去 40 多年里相对稳定,但近年来竞争压力不断上升,推动了行业脉动速度的加快。全球竞争者已经大举进入美国市场,上游供应商纷纷承担传统上在其主要职能之后的活动(前向整合),而下游客户则采取相反的策略,越来越多的客户开始承担传统上由供应商提供的职能(后向整合)。这种市场环境使得对更高质量和定制化产品的需求不断增加,同时压缩了利润空间。

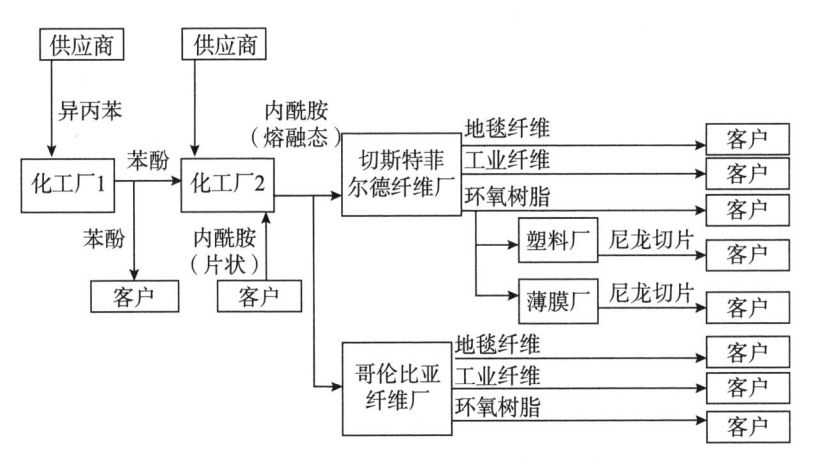

图 7-2 ASP:内部的尼龙价值链

尼龙是一种多用途聚合物,最早由华莱士·卡罗瑟斯博士(Dr. Wallace Carothers)于 1937 年在杜邦公司获得专利。到 1990 年,尼龙大约占全球聚合物总消费量的 4%。尽管尼龙有许多不同的品种，但最重要的两种商业化尼龙是尼龙-6和尼龙-6/6，它们合计占尼龙总生产量的98%以上。

这两种尼龙在化学和物理性质上几乎完全相同。然而，尼龙-6/6的熔点较高，聚合物化处理时间也更短（2小时∶12小时），但由于它是由两种原材料而非一种原材料制成，因而成本稍高。

原材料生产和纤维/聚合物制造展示了显著的规模经济效应，这两个领域都由大型、垂直一体化的化学企业主导。杜邦公司（DuPont）和孟山都公司（Monsanto）是尼龙-6/6市场的领导者，而联信公司和巴斯夫公司（BASF）则主导着尼龙-6的市场。随着尼龙产品逐渐接近最终消费者，其价值链变得更加分散。然而，在20世纪90年代，价值链的下游部分开始逐步整合，特别是通过一些收购案例，如萧氏地毯公司（Shaw Carpets）在地毯行业的收购，以及江森自控公司在汽车内饰行业的收购。

尽管尼龙在某些应用领域已失去市场份额，但预计未来10年尼龙的总体需求仍将稳步增长。在低端地毯应用中，由于聚丙烯的成本较低，因而逐渐取代了尼龙。在服装行业，抗皱聚酯纤维已经在宽幅织物中取代了尼龙。而在轮胎制造中，尼龙也被聚酯纤维所取代，后者在性能上更优越。

除了这些尼龙纤维的应用外，尼龙树脂和尼龙薄膜的需求一直保持增长。由于其轻质特性，尼龙树脂在汽车部件中的应

第7章 基因图谱：企业链条的战略评估

用逐渐增多。① 尼龙薄膜也在医疗应用和食品包装领域得到了更多的使用。

面对全球竞争带来的脉动速度加快，ASP开始采用许多果蝇产业中使用的生产政策。要理解这一战略，首先需要了解联信公司如何应对三种不同的脉动速度：第一种是针对其产品的脉动速度；第二种是针对回收过程的脉动速度；第三种是针对组织结构的脉动速度。

作为一个多元化经营的业务部门，ASP需要应对跨产品线的不同脉动速度。对于非常成熟行业的产品，如基础化学品（苯酚、丙酮及其他化合物）的产品生命周期可超过30年。与此相反，对于中等成熟行业的产品，如纺织品和地毯的脉动速度通常为5年，也就是新产品大约每5年推出一次。而在一些发展较快的市场（如工业纤维、工程塑料和薄膜）中，产品的脉动速度可能短至2～3年。在这些市场中，低转换成本和技术进步降低了市场准入壁垒，使得竞争者能够快速模仿成功的新产品。因此，对于ASP而言，任何先发优势的半衰期都较短。

然而，除了应对产品脉动速度的变化外，联信公司还面临着尼龙生产工艺脉动速度的加速。虽然生产原材料（苯酚和己内酰胺）的工艺在过去40多年间保持相对稳定，但来自民间组织和政府的压力促使回收尼龙产品成为紧迫任务。为了应对这

---

① R. J. Palmer, "Polyamides (Plastics)," *Encyclopedia of Chemical Technology*, 4th ed., New York: Wiley, 1997, 19: 559-584.

一需求，联信公司已经为一种回收旧地毯的工艺申请了专利，该工艺通过将尼龙降解为己内酰胺进行再利用。尽管这一回收措施可能为联信公司提供一定的公共营销优势，至少在初期是如此，但这一优势同样可能是短暂的，因为竞争者也在推进自己的回收技术。

同样，生产过程也在发生变化。为了生产尼龙纤维，联信公司必须采用一种劳动密集型的生产工艺，这与其化学品的生产过程大不相同。外资竞争者通常在劳动成本上有较大优势，这迫使联信公司采用了新的生产策略，取代了传统的多步骤生产流程，转向一种名为"ZIP"（零中断）的单一流程。即便是分销过程，也在成本敏感的客户需求影响下发生了变化。许多客户现在希望购买所谓的"散装连续长丝"，这种包装方式将地毯纤维置于大型线轴上，便于操作，而不是以前的捆包方式。最后，联信公司还在调整其产品组合，以满足主要客户的需求。后者倾向于购买成本较低的尼龙树脂，而非尼龙纤维。

与许多其他公司一样，ASP 也经历了一定程度的重组。10年前，ASP 重组了职能，重点关注制造业。但近年来，ASP 采取了更加以客户为中心的结构，旨在确保客户能够获得他们所需的最高质量的产品。为了降低管理成本并促进制造领域的知识转移，联信公司成立了"虚拟工厂"。传统上，制造部门的领导职位由那些在同一岗位上工作了 20 年或更长时间的"终身员工"担任。然而，现在的领导团队负责管理两个或多个具有相

第7章 基因图谱：企业链条的战略评估

似产品线或功能的工厂，如两家化工厂。此外，所有制造领域的领导者每两到三年就会在地域和职能上轮换。这些措施帮助公司将组织的脉动速度降至约 6 个月，并防止了"孤岛"效应，即各部门间的独立性过强。

由此可见，ASP 在产品、工艺和组织结构脉动速度加快的情况下，已经采取了积极的应对措施。接下来，基于这些洞察，我将介绍一种系统的方法，用于动态分析产业链的脉动速度，并通过国防航天和资讯娱乐业的例子来说明该方法的应用。

通过脉动速度分析来激活链图

分析组织供应链、技术供应链和能力链的静态图谱，可以帮助我们揭示供应链中以前未曾发现的事实，并提供深刻的洞察，这些洞察能够深刻影响企业战略的制定。然而，更具价值的见解来自将链条图谱与动态脉动速度分析相结合的方式。

脉动速度分析的美妙之处在于它的简洁性与强大功能。我们从此前描述的三张基本图谱开始，然后对链条中的每一个元素提出一系列脉动速度分析问题：

1. 该链条元素及其所在行业的脉动速度是多少？

2. 哪些因素（如新进入者带来的竞争加剧、行业中的技术创新、法规变化等）推动了该元素的脉动速度？

3. 预计竞争强度或创新速度的变化是否会导致该链条元素

的脉动速度发生变化？

4. 该行业位于双螺旋结构中的哪个位置？也就是说，该行业是主要处于水平结构，采用模块化部件，还是处于垂直结构，采用一体化部件？

5. 该链条元素当前的依赖动态如何？

以下案例将阐明这些脉动速度分析问题如何帮助揭示能力链的作用，并帮助管理者预测未来可能发生的事件。

洛克希德·马丁公司的脉动速度

试想一下，开发一款最先进的喷气式战斗机所面临的种种挑战。[①] 20 世纪 90 年代末，世界上两家最大的航空航天公司——波音和洛克希德·马丁展开了激烈的竞争，争夺"联合攻击战斗机"（JSF）项目的首席承包商角色。这款战斗机预计将在 21 世纪上半叶成为美国空中军事力量的主力，有关合同的总生命周期价值被估算为超过 3 000 亿美元。[②] 这场"飞行竞赛"预计将在 21 世纪初的 10 年内展开，而量产工作计划于 2008 年启动。

对于这一项目来说，开发过程中的挑战可谓巨大。其中的

[①] Richard Keiser and Charles Fine, "Technology Supply Chains in the Defense Aerospace Industry: Lockheed Martin Tactical Aircraft Systems," unpublished paper, Massachusetts Institute of Technology, Cambridge, Mass., 1997.

[②] Jeff Cole, Andy Pasztor, and Thomas Ricks, "The Sky, the Limit: Do Lean Times Mean Fighting Machines Will Be Built for Less?" *Wall Street Journal*, November 18, 1996, pp.A1, A7.

第7章 基因图谱：企业链条的战略评估

一个关键问题是如何调和军事作战中电子能力的高脉动速度与飞机机身发展的较慢脉动速度之间的差异，同时还要应对项目长时间周期的制约。

图7-3展示了该项目技术供应链的两个主要组成部分：机身和电子控制。由于某些事实的具体数字涉及机密信息或未公开信息，因此，为了便于说明分析方法，我们做出了一些假定。

图7-3 联合攻击战斗机（JSF）技术供应链的两个主要组成部分

分析脉动速度的第一个问题是：该链条元素及其所在行业的脉动速度是多少？我们可以估算相关产品和过程的脉动速度。例如，假设在电子控制领域，主要技术进步预计每三年发生一次；而在机身领域，主要技术进步预计每十年发生一次。［例如，三年的周期远长于英特尔微处理器的更新间隔，但与发展较慢的复杂软件系统（如微软 Windows）的更新周期更为吻合。］进一步假设，电子产品的制造工艺每五年会进行一次重大技术改进，而机身制造工艺每十年才会更新一次。鉴于电子领域的脉动速度较快，确保战斗机配备最新的电子控制系统就成为一个重大挑战，而这一点对于飞机的整体性能至关重要。只需回顾20世纪90年代初的海湾战争，便可深刻理解先进电子技术的重要价值。

第二个问题是：哪些因素推动了该元素的脉动速度？对于

电子控制,其脉动速度部分受制于航空行业之外的电子产业硬件创新。此外,软件开发的脉动速度取决于开发新软件的成本和潜在效益之间的权衡,这些效益通常受竞争对手的技术水平和竞争态势的影响,比如受制于当时的军备竞赛。与此不同的是,机身产品和工艺的脉动速度更多地受到航空行业内投资水平的直接影响。

第三个问题是:预计竞争强度或创新速度的变化是否会导致该链条元素的脉动速度发生变化?这个问题需要依据对未来发展趋势的预测。例如,英特尔声称能够在21世纪第二个十年继续保持其微处理器和半导体技术的发展步伐。[1] 在软件开发方面,估算的结果可能会有较大波动,它部分取决于软件开发工具的进展。至于机身领域,一项可能的推动因素是汽车行业对复合材料的积极投资。这一情形似乎不太可能实现,因为在通常情况下,航空行业在先进材料应用方面领先于汽车行业,尽管在JSF项目的生命周期内,可能会有旨在大幅减少汽车排放和油耗的政策出台。

第四个问题是:该行业位于双螺旋结构中的哪个位置?是水平模块化的,还是垂直一体化的?例如,电子硬件领域目前处于水平模块化结构,供应链并未向垂直一体化结构转型。与此不同的是,战斗机控制软件的结构更为垂直一体化,全球能

---

[1] 兰迪·博利希,英特尔企业资本收购主管,1998年1月21日在马萨诸塞州剑桥市麻省理工学院的演讲。

第 7 章 基因图谱：企业链条的战略评估

够提供所需技术和知识的企业极为稀少。至于机身产品和工艺，全球主要航空制造商大多已将其供应链模块化，从而能够外包大量的部件制造。然而，考虑到 20 世纪 90 年代美国航空行业的整合趋势，我们可以预见：未来行业内部的进一步整合可能会比较缓慢，更多的进展可能会出现在水平模块化的方向上，并且步伐较慢，与行业的历史脉动速度一致。

关于链条元素当前的依赖动态（第五个分析问题），战斗机制造商将继续依赖电子供应链中的硬件提供，但由于该行业内并未高度集中，因而这一依赖关系大概率不会带来战略性问题。在控制软件领域，主要公司依赖某些供应商提供子系统控制技术，但通常将系统设计和集成保持在内部，因为整体系统的性能直接依赖这一功能。在机身领域，战斗机制造商通常在内部完成设计和组装，而将制造外包。具体到某些机身部件，其制造可能依赖于少数几个具有能力的供应商。

为了简洁起见，本分析对这个极为复杂的项目进行了简化处理。但即便如此，回答上述五个脉动速度分析问题依然能为我们提供有价值的洞见。首先，电子领域的高脉动速度及其供应链结构向飞机制造商提出了若干政策建议。例如，飞机的产品设计、控制软件及其开发和制造过程必须允许一定程度的电子模块化，以便整合供应商的新硬件发展成果。此外，考虑到英特尔等公司对持续推进硬件性能的信心，它们的部分预测应该在系统设计时加以考虑。垂直整合硬件会增加成本，并可能无法带来竞争性硬件的进步。

其次,尽管机身设计和组装通常被视为航空供应商的核心,但由于技术的脉动速度缓慢、全球多家机身制造商的存在以及任何与机身材料相关的创新很可能来自现有或新兴供应商,因此,在机身外包方面采取一定策略是相对安全的。尽管保持机身完全自制可能在与其他子系统(如武器或座舱)的整合方面更有优势,但在该案例中,考虑到适当的供应商机会,某些外包决策是合理的。

当然,以上分析仅适用于和平时期,若发生战争,情况可能会有很大不同。在这种情况下,装配商显然希望能够在国内拥有供应能力。如前所述,波音的商业行为未必具备这一能力(而且可能不需要)。然而,在防务航空领域,供应商的地点和国籍显然是一个重要的考量因素。①

资讯娱乐业的脉动速度

为了与航空行业的低脉动速度形成对比,我们来看一个光速般变动的例子——娱乐内容的制作与发行行业。在这个行业中,像迪士尼、派拉蒙和环球这样的公司的竞争速度几乎可以与果蝇的生命周期相提并论。为了便于说明,图7-4简要展示了制作与发行之间的关系。

---

① 感谢丹·惠特尼(Dan Whitney)强调了这一点。

第7章 基因图谱：企业链条的战略评估

```
发行（剧院、视频、有线电视、          制作
卫星、网络广播）         ←
```

图7-4　娱乐技术供应链的两个组成部分

在分析脉动速度的前两个问题时（即脉动速度的测量和驱动因素），数字图像处理技术的进步无疑加速了电影制作技术的脉动速度。这些技术进步使得像《侏罗纪公园》、《泰坦尼克号》和《玩具总动员》这样的大片得以问世。尽管这一进程是连续的而非离散的，但我们仍可以保守地估计电影制作技术的更新周期大约是每两到三年一次。至于发行领域，互联网和电信技术的增强以及新兴发行渠道的迅速增多都表明：几乎每年都会出现一项新的重要技术，甚至可能更为频繁。

在制作和发行领域，脉动速度主要由电子产业推动。更快的微处理器和更大、更快速的存储设备使得像硅图公司这样的企业能够开发出更快速的图形密集型计算机，这些计算机性能的提升为娱乐产品新的生产可能性提供了支持。发行领域的脉动速度同样受到新兴频道为了争夺观众而展开的激烈竞争的推动。

关于脉动速度的变化（第三个分析问题），尽管这一趋势难以预见，但更多的迹象表明：脉动速度有加速而非放缓的趋势。功能强大的计算机的普及和互联网的普遍接入可能会鼓励更多企业进入生产和发行领域。正如互联网和计算技术曾引发印刷媒体领域的大规模入场一样，随着成本的降低和频道数量与种类的增加，我们完全有理由相信，视频领域也会迎来类似的爆发。尽管媒体巨头竭力控制发行渠道，以从其品牌中榨取最大价值，但新技术和庞大的潜在观众市场将持续推动创新、入场和脉动速度的提升。

关于行业在双螺旋结构中的位置（第四个分析问题），正如第2章所讨论的那样，该行业在一定程度上正在整合①，部分原因是为了应对不同供应链组件未来价值的不确定性。一些企业的垂直整合促进了更多的整合，其他企业也在整合自己的资源，以确保获得不依赖于直接竞争对手的发行渠道。或许令人惊讶的是，这种一体化的供应链结构背后却是高度模块化的产品结构。几乎每部电影制作都可以通过现有的任何发行平台（如电视网络、卫星、电影院等）进行传播。这种结构的不匹配只会加剧行业所面临的波动性，现有的媒体垂直供应链结构几乎无法为客户提供任何价值协同作用。

在依赖动态（第五个分析问题）方面，我认为这一领域仍然充满了机会。正如第2章所讨论的，供应链中的任何环节都有可能成为稀缺资源。尽管如此，我想提出一个新的视角，探讨在该行业中可能存在的机会窗口。

考虑一下在观看电影时，消费者必须去音像租赁店的情形。消费者先开车去音像租赁店挑选电影碟片，然后开车带回家观

---

① "There's No Business Like Show Business," *Fortune*, June 22, 1998, pp.86-104.

第7章　基因图谱：企业链条的战略评估

看。看完电影后，消费者还得开车去音像租赁店归还电影碟片，最后再开车回家。最终的结局是：四次单程汽车出行，一部电影被观看。（难怪石油和汽车行业的规模比好莱坞的电影行业更大！）

然而，在这里，我们发现了一个巨大的机会窗口：谁将首先找到一种方法，使得去音像租赁店的行为变得过时？任何能够让消费者在家中方便、快捷、轻松地访问全球视频库的人，将填补这一行业结构中的巨大空白，并因此赚得盆满钵满。这个机会等待着合适的创业点子和技术。然而，脉动速度分析明确指出：尽管这一机会窗口看起来巨大，但它可能不会开放太长时间。

由此可见，在对供应链绘图后，进行脉动速度分析能为我们提供深刻的洞见。值得强调的是，本节中的分析［即联合攻击战斗机（JSF）技术和资讯娱乐业的制作与发行环节］是刻意简化的，其目的只是展示基于脉动速度能力链分析的可能性。下一章将讨论在脉动速度分析后应该采取的行动，这些行动涉及产品、流程与供应链的同时设计，旨在充分利用这三者，制定出可行的公司战略。尽管这种优势是暂时的，但将公司所有元素与整个供应链对接，能够避免昂贵的延误和挫折，仍能为公司带来巨大的收益。我称这种行动为三维并行工程。正如我们将在第9章中看到的，脉动速度分析还可以帮助解决一个困扰管理者的问题：自制一项物品是否比从别人那里购买更好？这个问题自人类开始建造金字塔或进行香料贸易时便存在了。

第三部分
短期优势时代的战略执行：
三维并行工程

第8章

三维并行：产品、流程、供应链的同时设计

在这个高脉动速度的世界里，优势源于产品、流程和能力的并行设计。[①]

1989年春，美国犹他大学的两名研究人员宣布：他们发现了"冷核聚变"背后的原理，这一非凡的发现将震撼科学界（但后来证明这一"发现"站不住脚）。在宣布这一消息后引发的社会反响中，多家报纸刊登了一幅漫画。在漫画中，犹他州的一名研究人员惊呼："我相信，我们已经证明了冷核聚变！"他的同事回应道："是的！我想，我们终于发现了冷核聚变。"

[①] 本章的部分内容是与我的沃顿商学院同事莫里斯·科恩（Morris Cohen）共同开发的，并出现在我们的合作论文《三维架构：并行产品、流程和供应链开发》中，1998年该论文在麻省理工学院剑桥分校发表。

而在地球的另一端，出现了另外两个对话泡泡：一个面不改色地宣布，"今天将运送由冷核聚变驱动的丰田汽车"；而另一个则说，"由冷核聚变驱动的本田汽车将于下周上市。"

无论冷核聚变和"发现"它的犹他大学的学者的最终命运如何，这幅漫画所传达的深层信息都十分明确：在20世纪80年代，当美国人主要关注实验室的研究和突破时，日本人迅速采纳了这些新发现，并将其融入他们的产品和工艺开发体系。

在20世纪70年代—80年代，日本在许多曾经由美国主导的行业中逐渐占据市场领导地位，这一转变被归因于多种因素，包括深层次的文化差异以及美国企业领导者自认为不可战胜的傲慢态度。在这些年里，美国的公司和研究机构一直是新思想及新技术的源泉，但在为消费市场大量且低成本地生产可靠产品方面，相较于日本公司，它们的准备不足，即日本公司在这方面远超美国。

在流程和产品开发失调方面，美国无线电公司（RCA）是一个著名的反面教材。这家公司在20世纪中叶是电视技术市场的代名词。到20世纪70年代初，RCA已经开发出一种家用视频播放器技术，这将使客户能够租借或购买预先录制的视频娱乐项目，并在他们选择的任何时间和地点在自家电视上播放这些录像。尽管人们早就谈论过这种技术，但它似乎仍是科幻小说的素材。许多企业家都可以预见这种产品的需求，但只有最具远见卓识的人才能想象这种需求会变得多么广泛。

第8章 三维并行：产品、流程、供应链的同时设计

RCA 开发了一项可行的产品技术，但未能解决制造问题，无法低成本、大批量、可靠地生产播放器。正如麻省理工学院和哈佛大学的技术管理学者迈克尔·库苏马诺（Michael Cusumano）和理查德·罗森布鲁姆（Richard Rosenbloom）所言，他们密切关注着这一行业的技术发展："RCA 与（它的主要供应商）加拿大贝尔集团（Bell）和 Howell 始终未能弥合设计与制造之间的鸿沟。"[1] 然而，索尼公司和松下公司掌握了并行工程。尽管这些日本巨头在市场竞争中的起步晚于 RCA，但它们对技术管理（特别是在设计与制造一体化方面）的专注程度，使它们处于明显更有利的位置，并最终胜出。[2]

把它抛到墙那边

RCA 的设计和制造方法在美国并不罕见。在 20 世纪 80 年代之前，大多数西方制造公司在营销、设计、开发和交付产品方面都遵循固定的顺序，这一切都是由经理、研究总监和技术人员组成的官僚体系来指挥。在消费电子产品和汽车等创新驱动型行业，产品设计人员位于组织的顶部，坐在实验室里创造技术奇迹。他们把如何实现大规模、低成本生产创新成果的任

---

[1] Richard S. Rosenbloom and Michael A. Cusumano, "Technological Pioneering and Competitive Advantage: The Birth of the VCR Industry," *California Management Review* 29, no.4, Summer 1987: 62.

[2] 同[1]51-76.

务留给制造部门。而采购部门则服务于制造部门的需求：寻求符合要求、低成本的供应商，为工厂提供零部件或材料，从而进行大规模生产。

这些公司采用的运营策略被称为"把它抛到墙那边"。意思是说，一家典型的公司就像一座中世纪的城堡一样，在某些团队、职能机构或部门周围修建了保护墙，将不属于这些区域的人隔绝开。例如，研究实验室的墙壁一定是最高的，只有"受到邀请"的人才能进入这座神圣的殿堂。在发明新产品后，这些研发人员就把他们的设计从实验室"抛到外面去"，交给制造部门的人。但后者对于这些设计可用来干什么，以及如何制造它们可能需要猜测。

这些制造部门忽视供应链的现实情况，又将它们的需求抛给采购部门。采购部门则匆忙地寻找合适的、价格最低的供应商。当这些部门之间进行讨论时，彼此的关系是混乱的，甚至是紧张的。研发人员不喜欢听到他们设计的东西不能低成本、大规模地生产，制造部门会指责采购部门没有按时购买到合适的材料。产品制造进度往往会无可奈何地落后于计划。

使产品制造问题更复杂的是，许多公司在产品开发过程中采用了传统的职能型组织架构。例如，在典型的美国或欧洲汽车公司中，一个新车开发项目的负责人必须从车身开发、燃油系统或电子等职能部门"借调"工程师。然而，这些工程师主要认同他们的原属部门，而不是他们临时被分配到的项目组。

毕竟，他们的奖励和职业机会来自原属职能部门的负责人，而不是在庞大组织架构中几乎没有影响力的临时项目经理。[1]

像 RCA 和通用汽车等公司在工业绩效上的糟糕表现已有充分记载。例如，克拉克（Clark）和藤基（Fujimoto）分析了美国和欧洲汽车公司面临的严重劣势，这与日本汽车制造商取得的成功形成了鲜明对比。[2] 麻省理工学院的学者基于对工业现象的长期追踪写了一本畅销书《美国制造》（*Made in America*），对其他行业的类似问题也进行了详细分析。[3]

并行工程的力量

美国制造业在 20 世纪七八十年代的普遍萎靡，迫使许多公司选择对标当时成功的日本公司来寻求复兴。通过对日本公司在供应链、制造、库存等方面的创新进行分析，工业界揭示了"精益生产"[4]（lean production）和"并行工程"[5]（concurrent engineering，CE）等概念。并行工程有时也被称为"面向制造的设计"（design for manufacturability，DFM），它不仅寻求通

---

[1] Kim Clark and Takahiro Fujimoto.
[2] 同[1]。
[3] Michael Dertouzos, Richard Lester, and Robert Solow, *Made in America*, Cambridge, Mass.: MIT Press, 1989.
[4] Womack, Jones, and Roos.
[5] James Nevins and Daniel Whitney, *Concurrent Design of Products and Processes: A Strategy for the Next Generation in Manufacturing*, New York: McGraw-Hill, 1989.

过在工厂内进行实质性或渐进性的变革（比如安装自动化设备、精简装配线）来提高制造性能，还通过协调产品设计以适应实际生产来提升制造效率。本质上，DFM 就是出于可制造性来设计产品。如果公司希望掌握并行工程技术，就需要让习惯于待在实验室的研发人员学习如何更好地与制造部门、采购部门的同事协作。

我认为，实施并行工程的关键步骤如下。①

并行工程的关键步骤

1. 分析产品和生产的架构设计，以确定根本问题。然后，仔细审查产品实际设计和生产流程的细节。

2. 将产品和流程分解为子系统，并确定它们之间的相互作用。

3. 使产品实际设计的要求与流程设计和组织结构的要求保持一致。

4. 探索主要产品设计流程和制造流程的替代方案。

5. 尽早评估采用各种流程设计方案的成本。

6. 尽早评估执行不同设计方案所需的时间要求，特别是关键路径时间的影响。

---

① 在大多数情况下，内文斯（Nevins）和惠特尼的《产品和过程的并行设计》以及乌尔里克（Ulrich）和埃平格（Eppinger）的《产品设计和开发》都很好地描述了这些原则。

7. 识别并解决并行工程流程中的任何障碍。

8. 使用多功能团队并行管理设计过程。

9. 以全球化和跨产品生命周期的视野来选择最合适的设计方案。

并行工程是高脉动速度领域内的一种技术模型。当公司面临较小的竞争压力和缓慢发展的技术时，时间因素的负担相对较轻。在没有时间压力的情况下，按照顺序工作相比并行进行，时间压力小、产品迭代和返工的损失小。但随着越来越多行业的更新速度因全球竞争的驱动而加快，并行工程的重要性日益突出。

尽管产品和流程的并行工程在20世纪80年代和90年代初带来了巨大的效率提升，但在许多行业中，这些工具不再提供显著的差异化优势。[1] 大量具备竞争力的公司已经采用了标准的并行工程方法。其中，最优秀的公司现在正在寻求掌握能力的下一次飞跃，即三维并行工程。

三维并行工程

如果传统的并行工程的两个维度不足以确保竞争优势，那

---

[1] 关于第一种观点的证据，见 Clark 和 Fujimoto（1991）。关于第二种观点的证据，见 David Ellison, Kim Clark, Takahiro Fujimoto, and Young-Suk Hyun, "Product Development Performance in the Auto Industry: 1990s Update," working paper 95–066, Harvard Business School, 1995.

么必须添加什么才能使理论模型符合当前和未来的市场现实情况呢？这个问题的答案在于供应链的设计和开发。虽然许多公司已经在努力设计供应链，但它们在设计供应链时大多没有提升到公司战略层面或者没有意识到在战略性地设计供应链、产品和生产流程后，它们将获得的机会。简言之，供应链问题在制造和设计过程中并非新鲜事，但在传统的并行工程考虑方式中，许多公司将供应链开发视为事后考虑。

正如本章后面讨论的英特尔、丰田、克莱斯勒和波音等公司的例子所示，供应链构成了并行工程的第三个维度。与产品、流程设计一起，它帮助我们从三个维度而不是传统的两个维度理解并行工程，从而为公司提供了一个建立和增强其竞争优势的重要机会。

当企业没有明确将供应链视为与产品、流程设计并行的活动进行管理时，它们往往会在产品开发后期、生产启动、物流支持、质量控制和生产成本等方面遇到问题。此外，它们还面临着失去对产品业务命运进行控制的风险。

供应链具有长期影响，特别是当供应链开发决策影响几代产品时，供应链设计就显得特别重要。即使是一开始的微小决策，后续也可能产生巨大的影响，能影响一家公司甚至整个行业的持续生存。例如，以个人计算机行业为例，IBM 的供应链设计实际上将行业的主导权交给了微软和英特尔。尽管 IBM 后来收复了一些失地，但如果该公司可以从三维视角看待并行工

第8章 三维并行：产品、流程、供应链的同时设计

程，它可以占据远超现在的市场份额。IBM 在供应链设计上的一个失败决策，改变了世界计算机进程。

三维架构：产品、流程和供应链

在第 4 章中，我们从产品架构的视角部分了解了双螺旋结构。随着这些架构从一体化演变为模块化，再回到一体化，我们看到了行业和供应链结构演变的同步性，它们自身也从垂直结构调整为水平结构，再回到垂直结构。为了进一步理解三维并行工程，我们可以再次立足于架构层面，从产品、流程和供应链三个维度来审视它。

在架构层面分析产品和流程设计问题，为如何将供应链设计整合到并行工程中提供了一个战略性的、高层次的视角。在一篇开创性的论文中，卡尔·乌尔里克将产品架构描述为把产品功能分配给其组成部件的方案。[1] 他区分了一体化和模块化产品架构，这一区分对三维并行工程至关重要。

为了理解这些概念，可以将一体化架构视为产品元素之间存在紧密耦合。例如，一个产品架构可能具有以下特点：

- 执行多种功能的组件。
- 空间上紧密相邻或关系密切的组件。

---

[1] Karl Ulrich, "The Role of Product Architecture in the Manufacturing Firm," *Research Policy* 24, 1995: 419-440.

- 紧密同步的组件。

相比之下，模块化架构的特点是系统各组成部分之间的分离，从而

- 组件是可以互换的。
- 各个组件均可单独升级。
- 组件接口是标准化的。
- 系统故障可以被定位。

基于这些区别，我们可以预见到一体化架构产品的主要组件具有多种功能。工程师们称之为"功能共享"。[1] 例如，考虑一个非常简单的产品——木匠的锤子。锤头通常呈现出整体架构，作为一个单一组件，执行两种截然不同的功能：锤头用于敲打钉子，而"羊角"用于拔出钉子。

一个更复杂的例子是商用喷气式飞机（如波音777）的机翼结构。机翼被设计为至少执行两种功能：一是为飞机提供升力；二是充当储存燃料的油箱。

同样复杂的例子是现代摩托车的车架，比如本田摩托车。[2] 与汽车有单独的车身、发动机和油箱部件不同，摩托车具有复杂的车架结构，将车身、发动机和油箱部件集成在一起。

如果产品的某些功能要求必须由多个子系统共同实现，而

---

[1] Karl Ulrich, "The Role of Product Architecture in the Manufacturing Firm," *Research Policy* 24, 1995: 419-440.

[2] 乌尔里克举了这个例子。

第8章 三维并行：产品、流程、供应链的同时设计

不能简化为单个组件或子系统，那么这些产品也表现出一体化架构的特征。例如，汽车和飞机对总重量有严格要求，这一要求几乎涉及所有子系统（如底盘、油耗、排气、制动等）。同样，大型计算机需要散发关键部件产生的大量热量，否则系统可能会受损。[1]

相比之下，模块化架构产品则具有可互换的组件，每个组件都只有少量功能。一个常见的例子是家庭立体声音响系统，客户可以混合搭配接收器、扬声器、CD 播放器和其他组件，这些组件通常来自不同的制造商。这种混合搭配的便利性之所以成为可能，是因为这些组件之间的接口在整个行业中已实现了标准化。台式个人计算机及其主板、磁盘驱动器、DRAM 芯片、调制解调器、显示器和键盘也是高度模块化的。

与摩托车形成对比的是，大多数现代自行车（如第 4 章所讨论的）也是高度模块化的。制造商现在制造的车架可以容纳来自众多供应商的各种可互换部件，如座椅、刹车、链条、飞轮和变速器。

在许多情况下，选择一体化还是模块化设计，存在相当大

---

[1] 关于产品架构的理论和应用的深入讨论，请参阅 Timothy W. Cunningham, "Chains of Function Delivery: A Role for Product Architecture in Concept Design," unpublished dissertation, Department of Mechanical Engineering, Massachusetts Institute of Technology, Cambridge, Mass., 1998; Timothy W. Cunningham and Dariel E. Whitney, "The Chain Metrics Method for Identifying Integration Risk during Concept Design," working paper, Massachusetts Institute of Technology, Center for Technology Policy and Industrial Development, Cambridge, Mass., 1998.

的矛盾。正如第 11 章中全球卫星通信网络（Teledesic）案例所说明的，支持一体化设计的论点主要基于技术或性能，而支持模块化设计的论点主要基于成本和上市时间等商业考虑。①

供应链架构

在产品结构的基础上，可以延伸到供应链架构的概念。相较于传统的自制/外包决策或者垂直/整合决策（主要关注供应链中的资产所有权），供应链架构概念更丰富。② 同时，这一概念也是深入分析公司"自制或外包"的关键，我们将在第 9 章展开讨论。此外，供应链架构概念的提出也有助于将一体化-模块化的区分从产品延伸到供应链。一体化供应链架构的特点是各要素之间紧密的邻近性，这种邻近性可以从四个维度来衡量，即地理邻近性、组织邻近性、文化邻近性和电子邻近性。③

对地理邻近性最简单直接的衡量方式就是物理距离。尽管在许多情况下，电子通信技术降低了地理距离的重要性，但对

---

① 感谢丹·惠特尼向我强调这一点。

② Sharon Novak, "Sourcing by Design: Product Architecture and the Supply Chain," working paper, Massachusetts Institute of Technology, Cambridge, Mass., 1998. 本文提供了汽车行业的数据，表明供应链整合是解释汽车行业绩效的重要变量，而传统的垂直整合并不重要。

③ Charles Fine, George Gilboy, Kenneth Oye and Geoffrey Parker, "The Role of Proximity in Automotive Technology Supply Chain Development: An Introductory Essay," working paper, Massachusetts Institute of Technology, Cambridge, Mass., May 1995.

第8章 三维并行：产品、流程、供应链的同时设计

于许多产品和流程而言，地理因素仍会对项目的结果产生显著影响。特别是对于高度集成的产品设计和相互关联的关键子系统，其设计参数之间的持续迭代，通过在同一地方的工程团队来处理最为高效。

组织邻近性相对复杂，但可以通过所有权、管理控制以及人际关系与团队之间的依赖性等概念来衡量。因此，如果客户和供应商同属一家公司，拥有相互关联的公司所有权，向同一位总经理汇报工作，而且各职能部门或团队之间的工作流程紧密相连，那么可以说它们具有紧密的组织邻近性。

文化邻近性涵盖了语言、商业习俗、道德标准和法律等方面的共性。松下电器产业株式会社（Matsushita Electric Industrial Co., Ltd.）就是一个拥有完善价值体系和理念的全球性公司的典范，这些理念由公司创始人、已故的松下幸之助（Konosuke Matsushita）阐明。即使在今天，这些价值观仍然指导着松下公司的决策。

最后，电子邻近性（或称"虚拟邻近性"）的概念，可以通过电子邮件、电子数据交换（EDI）、内联网、视频会议以及供应链成员之间的其他技术来衡量。以福特汽车[1]和丰田汽车[2]

---

[1] Jared Judson, "Integrating Supplier Designed Components into a Semi-automatic Product Development Environment," Massachusetts Institute of Technology, LFM Master's Thesis, 1998.

[2] Christopher Couch, "Power in the Chain," working paper, Massachusetts Institute of Technology, Sloan School, Cambridge, Mass., October 1997.

为例，它们都在计算机辅助设计软件上投入了大量资金，这些软件可以在整个供应链中用于三维并行工程，从而促进了供应链的电子邻近性。

因此，高度一体化的供应链是指制造商及其主要供应商集中在一个城市或地理区域，具有共同或相互关联的所有权，共享共同的商业和社会文化，并通过电子方式连接。著名的"精益生产"[①]就是在高度一体化的供应链结构中发展起来的。这个著名的系统是由丰田汽车在名古屋工业区构建和培育起来的，丰田汽车及其供应商拥有显著的控制权和参与管理权，并且该地区有高度统一的文化。

值得注意的是，丰田汽车早期在全球产品开发过程中整合北美供应商时遇到了困难。[②] 也就是说，即使是卓越的丰田汽车，在全球范围内推行高度一体化的供应链结构也会遇到挑战。丰田汽车解决问题的方法是利用其在日本丰田和北美供应商之间的网络来共享复杂的计算机辅助设计（CAD）工具，从而提高了电子邻近性。

与一体化供应链相比，模块化供应链在上述大多数或所有维度上表现出较低的邻近性。这也意味着，模块化供应链分布于广阔的地理区域，拥有自主的管理和所有权结构，以及多元

---

① Womack 等.

② Christopher Couch, "Power in the Chain".

第8章 三维并行：产品、流程、供应链的同时设计

的文化，而且电子邻近性较低。当然，极低的邻近性将使供应链在高（或中等）脉动速度的行业中变得难以管理。因此，在大多数情况下，为了生存，这些维度中的一个或多个需要保持一定程度的邻近性。比如戴姆勒-克莱斯勒公司收购的卡车业务，在地理、组织或文化上没有高度的邻近性，就需要有高度的电子邻近性来协调。

在现有成功的供应链架构中，各方面的邻近性仍然存在显著差异。模块化供应链往往以关键组件有多个可替换的供应商为特征。下面以个人计算机行业为例。这些设备的供应链分散在众多公司中，主要位于北美洲和亚洲。这些公司（包括半导体制造商、电路板组装商、调制解调器制造商、磁盘驱动器制造商和软件公司等）分别位于美国、日本、中国、新加坡、马来西亚、泰国、印度、中国台湾和许多其他国家或地区。它们在地理、组织或文化上都没有邻近性。只有依靠信息技术带来的电子邻近性，才能使得这些高度模块化的供应链得以蓬勃发展。

与丰田汽车的情况相比，通用汽车借助"全球采购"策略所形成的供应网络，在公司内部保留了重要组件的开发、制造和集成能力，并以竞标方式外包零部件。这一策略使得通用汽车能在一定程度上将许多供应商视为可替换的，从而形成了供应商在地理、组织和文化上的分散性。

意大利的服装制造业展现出一种与此不同的复杂情况。[1] 这个行业由数百家小公司组成,其中许多公司仅专注于服装生产供应链中的某一环节,如设计、纺纱、织布、染色、裁剪或缝制,而不是试图完成所有这些步骤。尽管这些供应链成员在地理位置和文化背景上具有很强的邻近性,但它们仍然展现出可替换的模块化特征。

最后,考虑电信服务行业的例子。尽管美国电信系统是由20世纪中叶具备高度一体化结构的AT&T开发的,但由于1984年的历史性拆分,导致行业结构发生了演变。消费者开始构建自己的供应链,选择可替换的手机硬件供应商、长途服务供应商、移动服务供应商、维修服务供应商等。这一演变展示了沿着双螺旋运动的另一个实例,并强化了不同行业的供应链架构存在显著差异的观点。

产品和供应链架构的并行设计

在将流程架构纳入讨论之前,我们先考虑一下前文所讨论的产品架构与供应链架构之间的关系。通常说来,产品架构和

---

[1] 商业学者广泛研究了意大利的服装制造业,其中包括 Michael Porter, *The Competitive Advantage of Nations*, New York: Free Press, 1990; Michael Piore and Charles Sabel, *The Second Industrial Divide*, New York: Basic Books, 1984; and Richard Locke, *Remaking the Italian Economy: Local Politics and Industrial Change in Contemporary Italy*, Ithaca: Cornell University Press, 1995.

第8章 三维并行：产品、流程、供应链的同时设计

供应链架构在一体化-模块化层面保持一致。换句话说，一体化产品往往由一体化供应链设计和开发，而模块化产品往往由模块化供应链设计和开发。

从本质上说，产品架构和供应链架构往往相辅相成。正如我们在第4章所见，克莱斯勒通过采取非凡的举措来确保其生存，将其产品设计和供应链模块化，为供应商提供更大的自主权和增加收入的潜力。与此相比，施温自行车公司在20世纪后半叶未能沿着行业发展的双螺旋结构从一体化产品和供应链架构转向模块化架构，最终被迫破产。

在个人计算机行业，产品架构中的模块化使得制造商能够构建模块化供应链。进一步来讲，一个强大的模块化供应链的存在促进了模块化产品的进一步开发和使用，正像康柏、戴尔和其他个人计算机制造商所表明的那样。类似地，一体化产品的开发过程越复杂，一体化供应链中的集成程度就越高。这一效应源于开发时需要密集、反复迭代的沟通。比如国防战斗机，其子系统很难被外包给独立的供应商。[①]

这些关系如图8-1所示。

图8-1说明了我们到目前为止讨论过的案例。丰田汽车和20世纪中叶AT&T的电话系统都是由一体化供应链提供的一体化产品的例子。表格的另一端，产品设计的模块化使得服装、

[①] Cunningham, "Chains of Function Delivery."

	供应链架构（地理、组织、文化和电子邻近性）	
产品架构	一体化	模块化
一体化	丰田汽车 AT&T	
模块化		服装 个人计算机 通用汽车的全球采购 电话和服务

图 8-1 产品架构与供应链架构之间的交互效应

个人计算机、通用汽车的全球采购以及电话和服务能够采用模块化供应链。

下面介绍一个产品架构和供应链架构不匹配的例子。宝马公司的轿车产品是世界上性能最好的豪华轿车之一。在其产品开发过程中，宝马公司为了创造一款能让客户满意的汽车，并提供最佳的加速、制动、操控等性能，付出了大量的成本和开发时间。为了保证产品的高性能，宝马公司精心打造了高度一体化的车辆设计，依托于以慕尼黑地区为中心、围绕公司总部的一体化供应链。这种高度一体化确保了对所有车辆规格的严格控制以及所有关键子系统之间的流程交互。

20世纪90年代初，当宝马公司决定在美国建造一家工厂时，选择使用了一些美国供应商，而不是将所有德国供应商带

第8章 三维并行：产品、流程、供应链的同时设计

到北美工厂。但宝马公司发现，尽管这些美国供应商在与美国客户合作方面技能娴熟，但他们没有适应德国供应链中熟练工匠所擅长的高度一体化和迭代式的产品开发及推出过程。其结果是，宝马公司在美国的生产出现了延误。宝马公司及其供应商不得不重新设计供应链以满足一体化车辆设计的需求。①

流程架构

与产品架构和供应链架构类似，把流程架构划分为一体化（紧凑）和模块化（分散）也是很有意义的。前文使用四个维度（地理、组织、文化和电子）来描述供应链架构的一体化和模块化程度，但对于流程架构，我们只使用了两个维度——时间和空间进行划分。例如，过去很多国家都致力于"准时生产"，以消除流程架构中的时间分散。

为了说明这个概念，请参考图8-2中的示例。正如我们在第5章中所见，戴尔的计算机组装过程在时间上很紧凑：一台完整的计算机在几个小时内即可组装完成，然后迅速交付给用户。戴尔的组装过程在空间上同样紧凑：所有组装操作都在一个工厂的一个工作单元内完成，由一个小团队负责操作。

将此流程与《华尔街日报》等报纸的生产流程进行对比。

---

① Novak.

	空间 紧凑/一体化	分散/模块化
时间 紧凑/一体化 快	戴尔计算机组装	报纸生产
分散/模块化 慢	葡萄酒酿造	非急症医疗服务

图 8-2　在时空维度下的不同流程架构

报纸的刊印时间通常为 24 小时，遵循着严格的时间表，但记者在地理上高度分散。类似的例子是软件开发，软件可以在 24 小时内进行一次完整测试，但软件工程师可能分散在全世界各地。

在时间和空间维度相反的象限中，可以参考葡萄酒的酿造流程。其发酵过程通常需要持续多年，但大部分工作（种植、采摘、加工等）都在一个地点——酒庄进行。

此外，非急症医疗服务往往在地理上分布广泛——可能位于大型医院综合体中或者分散在大城市内的多个街道，而它们提供的非急症医疗服务通常持续数月或数年，时间长短取决于疾病的治疗情况。而急症护理服务在时间和空间上往往非常紧凑。

还有在时间和空间上都分散的例子。例如，滑雪服制造商

第 8 章 三维并行：产品、流程、供应链的同时设计

斯波特奥波米耶公司（Sport Obermeyer）有一个跨越太平洋的生产系统，它完成产品需要几个月的时间。[1]

并行的必要性

图 8-3 说明了产品、流程和供应链开发活动之间的几种交

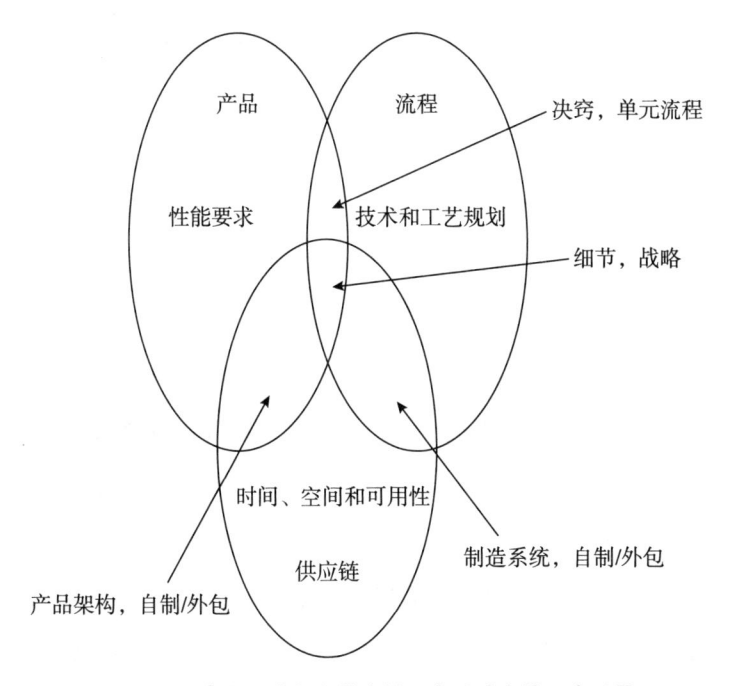

图 8-3 产品、流程和供应链开发活动中的职责重叠

---

[1] Janice Hammond and Ananth Raman, Sport Obermeyer, Ltd., Case Study ♯N9-695-022, Boston: Harvard Business School Publishing, 1994; Marshall Fisher et al., "Making Supply Meet Demand in an Uncertain World," *Harvard Business Review* 72, May-June 1994: 83-93.

互作用。在三个椭圆形重叠的地方，我们定位了那些需要在三个方面并行开展的活动。此图进一步说明，并非所有工作都必须在"产品团队"中进行，并非所有活动都需要与其他部门的成员共同执行。产品团队应该着重关注活动重叠的部分。

图8-3试图直观地呈现本书第三部分的诸多理念。人们可以通过产品、流程和供应链组织内部以及各组织之间的讨论来考虑如何做出架构决策。此外，后续两章讨论的许多工具，如自制/外包决策和产品开发的各种工具，都可置于此图框架内讨论。

图8-4对产品、流程和供应链开发中的并行重叠区域进行了细化，也凸显了并行的重要性。该图将三个开发领域（产品、流程和供应链）各自划分为两个子活动：

● 产品开发分为架构选择活动（如模块化或一体化决策）和详细的设计选择活动（如产品设计的具体性能和功能要求）。

● 流程开发分为单元流程开发（即要使用的技术和设备）和制造系统开发（关于工厂和运营系统设计与布局的决策）。

● 供应链开发分为供应链架构决策和物流协调系统决策。供应链架构决策包含是否自制或外包组件的决策、采购决策（如选择纳入供应链的公司）和合同决策（如构建供应链成员间的关系）。物流协调系统决策涉及支持供应链持续运营的库存、交付和信息系统。

就本章而言，图8-4最重要之处在于图底部的一系列箭

第8章 三维并行：产品、流程、供应链的同时设计

头。这些箭头突出了三个活动之间的联系，强调了并行开发的重要环节。其中三个双边连接尤为重要，我们分别称之为"焦点"、"架构"和"技术"（focus，architecture and technology，FAT）。

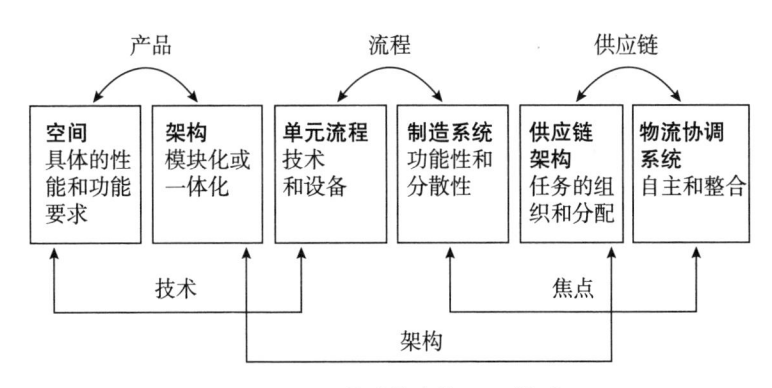

图 8-4 三维决策中的 FAT 模型

"架构"环节在前文已结合图 8-2 进行了讨论，即产品和供应链架构的对接。而"技术"环节则涵盖了产品设计细节与功能要求的协调，这属于传统（二维）并行工程的范畴。

"焦点"环节将有关制造系统设计的选择与物流和材料系统设计的选择相联系。由于供应链的物流管理系统通常是内部制造系统设计的延伸，因而这些流程和供应链设计领域往往紧密相连。在流程设计领域的一组重要决策是制造系统在多大程度上"以流程为重点"或"以产品为重点"。[1] 传统的加工车间和

---

[1] Robert H. Hayes and Roger Schmenner, "How Should You Organize Manufacturing?" *Harvard Business Review* 56, January-February 1978：105－118.

半导体制造工厂通常以流程为重点,将所有类似设备和单元流程集中在一起。同时,当设计供应链的物流和材料系统时,管理人员必须对供应链的管理系统做出决策。例如,它应该像戴尔那样选择紧密的一体化架构,还是应该像国防飞机制造那样仍保持一种松散的自动化系统供应商集群架构。

接下来的四个案例——英特尔、克莱斯勒、丰田和波音,进一步印证了这些观点。

四个案例

英特尔

在一个脉动速度空前的行业中,英特尔作为一家制造公司,其崛起速度堪称历史之最。不到 10 年的时间,英特尔快速成长为一家市值 250 亿美元的公司。该公司建造了高度资本密集型的工厂,并以极快的速度推出新产品。在爆炸式增长期间,英特尔能够将竞争对手远远甩在后面的重要原因是其能够以极快的速度与众多新供应商一起执行新产品和流程开发。简言之,英特尔堪称高脉动速度的三维并行工程大师。

考虑到基础技术的复杂性,我们可以从英特尔化解三维并行挑战的方式中获得宝贵经验,为任何考虑实施三维并行工程的公司提供经验。

第8章 三维并行：产品、流程、供应链的同时设计

英特尔的微处理器产品系列（如广为人知的286、386、486以及奔腾处理器）是大规模产品开发的结晶，其背后是数百名工程师和科学家在多地的多年研究。[1]

在半导体行业中，动态随机存储器（DRAM）历来占据了新投资的大部分份额。每一代新产品（如64Kb RAM、256Kb RAM、1Mb RAM等）的推出，都伴随着全新一代制造工艺的诞生（通常以集成电路上最小的线宽来标识）。因此，对于DRAM制造商而言，推出新产品就意味着同时启动新的制造工艺，这始终是一项复杂的工作。在20世纪80年代的大部分时间里，日本半导体公司专注于DRAM的设计和生产，充分发挥了它们在精密制造方面的优势。在每一代更小的线宽制造工艺中，日本公司都成为工艺技术的领导者。

然而，到了20世纪90年代初，英特尔察觉到自己需要在DRAM行业诞生新工艺之前推出新产品。因此，DRAM制造商不再绝对主导工艺开发进程。英特尔在跃升为行业巨头后，致力于成为工艺技术的引领者，并构建了一套能够在加速产品开发节奏的同时持续改进工艺技术的体系。

英特尔制定了一项出色的三维并行工程战略，利用产品/流程的模块化显著降低了公司所面临技术挑战的复杂性：在整个

---

[1] Sean Osborne, "Product Development Cycle Time Characterization through Modeling of Process Iteration," unpublished thesis, Massachusetts Institute of Technology (LFM Program), Cambridge, Mass., 1993.

20世纪90年代，该公司在旧（线宽）工艺的"平台"上推出了每一代新的微处理器。或者说，每一代新工艺都在此前的产品技术上进行尝试。例如，英特尔在为工艺已经过调试的i386芯片开发的1微米工艺上推出了i486芯片。在这一工艺取得成功后，英特尔又开发出了0.8微米工艺，并首次在经过验证的i486芯片上进行了尝试。接下来，英特尔在经过验证的0.8微米工艺上推出了奔腾芯片，然后将其转移到新的0.6微米工艺上。通过这种产品和工艺交替推出的系统，英特尔在产品和工艺之间创造了近乎完美的模块化，这种结合大大降低了任何特定产品推出的复杂性。降低并行工程的复杂性，无疑是英特尔在超高脉动速度行业中取得成功的关键之一。

从第三个维度来看，英特尔在流程和供应链之间的联系更加紧密。也就是说，流程开发与供应链开发紧密相连。特别是到了20世纪90年代中期，当英特尔需要推动新的工艺技术而不是采用DRAM制造商已经基本调试好的工艺技术时，英特尔会培育那些开发出下一代先进技术的初创公司。因此，英特尔推动了新工艺的整体发展，并培育了与之配套的新供应商。[①]

克莱斯勒

在第4章中，我们了解到20世纪90年代的克莱斯勒可与

---

① 感谢英特尔资本收购总监兰迪·博利希对英特尔供应商开发系统的这些见解。

第8章 三维并行：产品、流程、供应链的同时设计

20世纪80年代的康柏相媲美。凭借模块化的产品和供应链战略，这两家公司均成功打破了规模更大的竞争对手的优势格局，并引发了一系列有可能深刻改变整个行业结构的连锁反应。

从三维并行工程的视角深入剖析，我们能够更清晰地洞察克莱斯勒战略的优势与潜在弱点：通过将众多汽车子系统的开发与集成工作外包，克莱斯勒大幅缩短了开发和推出新车型所需的总体时间，减少了成本。如前所述，该公司有效地利用了这种战略所带来的机遇。然而，在执行将产品和相应供应链模块化的战略过程中，克莱斯勒似乎相对弱化了对工艺开发的重视程度，这在一定程度上对整车系统的综合性能（如可靠性）产生了不利影响。[1]

由于克莱斯勒与众多竞争对手的策略不同，其能够迅速将概念转化为实际产品，因而在20世纪90年代初，该公司在最受消费者青睐的设计和功能方面赢得了高度赞誉。凭借这些设计优势，克莱斯勒在一开始得以收取高额溢价。然而，在凭借设计获取溢价的同时，克莱斯勒因客户对车辆可靠性的不满而在市场份额方面有所损失。当然，可靠性功能是车辆系统工程中不可或缺的固有属性，不能外包给供应商。[2]

为了实现进一步突破，克莱斯勒需要将其丰厚的利润重新

---

[1] "Reliability of Used Cars," *Consumer Reports*, April 1998, p.74.
[2] Daniel Whitney, "Identifying Integration Risk during Concept Design," presentation to the MIT Symposium on Technology Supply Chains, May 13, 1998. 惠特尼清晰地观察到，车辆可靠性和NVH（噪音、振动和声振粗糙度）等整体特性不能外包。

投入深层次的三维并行工程建设中,特别是将工艺开发活动与公司通过产品-供应链模块化体系已获得的优势有机融合。这一体系运行得极为出色,被称为"新美国集团"①,类似于丰田有效运用外包子系统开发的模式。然而,丰田的系统集成技能和核心技术能力底蕴深厚。虽然外包了制造能力,但丰田在基础知识层面很少依赖外部,这一问题将在第 9 章详细探讨。②

随着被戴姆勒-奔驰收购,克莱斯勒获得了一个在汽车行业拥有深厚系统工程技术的合作伙伴。在最理想的情形下,新的戴姆勒-克莱斯勒将在降低成本、提升产品研发速度和提高产品质量等方面表现卓越。

丰田

众所周知,丰田巧妙地利用其高度一体化的名古屋/丰田市供应链,开发了著名的精益生产系统。此外,当丰田进行全球化生产时,其设定的标准可以顺利输出。

但是,丰田将三维并行工程系统全球化的过程远没有想象中那么顺利。③ 在早期推广中,丰田的北美供应商在整个开发过程中,无论是在质量、成本削减还是准时生产方面,都远逊于

---

① Jeffrey Dyer, "How Chrysler Created an American Keiretsu," *Harvard Business Review* 74, no.4, 1996: 42-56.

② Charles Fine and Daniel Whitney, "Is the Make/Buy Decision Process a Core Competence?"

③ Christopher Couch, "Power in the Chain". 本案例以及相关数据和参考文献均来自该文。

第8章 三维并行：产品、流程、供应链的同时设计

丰田的日本供应商。这些供应链问题导致丰田的北美凯美瑞和阿瓦隆车型的推出延迟了 10 个月，开发成本也增加了 40%。[①] 此外，对于一些关键部件，丰田采取了前所未有的举措，在日本安排了备用供应商，这些供应商向北美紧急空运货物的成本有时高达每月 100 万美元。[②] 这些问题主要源于北美供应商对丰田工程系统相对缺乏经验，以及丰田与日本、北美一系列供应商之间沟通的复杂性。[③]

丰田系统是建立在整个供应网络中密集的通信连接基础之上的，因此，一旦为每个开发项目增加更多节点，开发步骤将呈指数级增长，使用的通信渠道数量也随之增加，就会使得整体开发过程更加复杂。如前所述，丰田正在投资改进信息技术以解决通信瓶颈问题，但只有时间可以证明丰田能否成为全球三维并行工程的世界级标杆。

波音

飞机制造业长期以来一直是制造业中的"乌龟"。由于飞机的开发周期长、产品寿命长、流程持久、供应链关系稳固，因而当波音做出关于供应商或飞机设计的决策时，它必须长期忍受这个决策的后果。因此，当波音开发新飞机时，它倾向于让

[①] Christopher Couch, "Power in the Chain". 本案例以及相关数据和参考文献均来自该文，第 18 页。
[②] 同①.
[③] 同①37-40.

产品、流程和供应链部门的代表在早期阶段就互相交流。这就是在低脉动速度行业中静态三维并行工程的运作模式。

在高脉动速度行业中，挑战显著增加，企业需要践行动态三维并行工程。负责项目开发的工程团队，不仅需要专注于当前项目的巨大复杂性，还必须考虑团队决策对未来项目开发团队的影响。特别是这些决策将如何影响项目完成后企业将掌握的一系列能力？在当前项目上做出的选择，将对价值链上的其他成员产生何种依赖？

这些问题将我们带出了理论领域，进入了实际应用领域。在第三部分的最后四章中，我们将看到果蝇产业、供应链以及垂直结构（一体化产品）和水平结构（模块化产品）沿双螺旋的波动等理论概念如何帮助公司做出短期和长期的商业决策。

第 9 章

丰富"基因库":自制 vs 外包

如果说商业果蝇教会了我们一件事,那就是外包能力,而不是外包知识。

我在第 5 章中曾提出,企业最应重视的能力莫过于供应链设计。供应链设计包括思考应该把哪些工作外包给供应商、如何选择供应商以及与供应商的合同谈判——如何兼顾供应链关系中的法律问题和文化背景。在这三者中,本章的重点是如何正确地判断哪些能力值得内部开发和维护,哪些能力可以放心地外包,即决定哪些能力需要自制和哪些能力需要外包,以及哪些能力是核心能力和哪些能力是外围能力。

人们普遍认为,自制和外包问题存在简单的标准答案。"能外包就外包"和"能自制就自制"的拥护者各执一词,但不管选择哪种单一策略,都无法经受外部不断变化的竞争环境的考验。第 4

章讨论的双螺旋模型揭示了其中一个原因：如果企业和行业在一体化和模块化结构之间循环，那么单个企业的最佳策略不一定是追求稳定状态，而是要学会在最动荡的环境中灵活应变。

现有的大量文献对自制与外包决策进行了探讨。何时应该自行拥有和操控所有供应商（垂直整合），何时又应该不拥有供应链的任何部分而尝试通过其他方式进行控制（虚拟整合）？在制造业环境中，处理这些问题最简单、最原始的方法是比较公司内部制造零部件的成本与外部制造的成本。传统的成本会计教科书在"相关成本计算"的背景下介绍了这种分析方法。[1] 虽然这种分析方法简单，但它清楚地表明：从纯粹的经济角度来看，"全部自制"或"全部外包"的方法都不会是最佳的结果。

然而，经济学家们已经发展出一套丰富的垂直整合理论，该理论考虑了在决定自制或外包时需要考虑的许多重要因素。这些因素包括供应链中的技术依赖关系、利用市场力量进行价格歧视、供应链中各成员之间的交易成本、资产专用性（专业化）以及对特定供应链投资的不可逆性、供应链各成员的激励措施和决策权分配。[2]

---

[1] Charles Horngren, George Foster, and Srikant Datar, *Cost Accounting: A Managerial Emphasis*, 9th ed., Upper Saddle River, N. J.: Prentice Hall, 1997, pp.390 - 392.

[2] Richard Schmalensee and Robert Willig, *Handbook of Industrial Organization*, Amsterdam: North Holland, 1988; Jean Tirole, The Theory of Industrial Organization, Cambridge, Mass.: MIT Press, 1988; Oliver E. Williamson, *The Economic Institutions of Capitalism: Firms, Markets, Relational Contracting*, New York: Free Press, 1985.

第9章 丰富"基因库"：自制 vs 外包

但在决策环境中，特别是在第 8 章介绍的三维并行工程环境下，这些方法往往难以应用。因此，本章将从四个角度来丰富自制/外包决策框架。

第一，针对自制和外包二分法在实践中考虑不全面的问题，本章基于第 8 章提出的一体化和模块化供应链设计提供了更丰富、更有用的框架。第二，为了应对许多行业脉动速度的加快，本章提出了一个动态框架，强调技术和组织变革在供应链关系生命周期中的作用。这个框架将外包决策类比为播种，这些种子将成长并形成新的但无法预测的形态。第三，在供应链依赖性的分类方案中，本章的依赖性区分为对供应商能力的依赖性和对知识的依赖性，而且后者的依赖性更深，可能更难根除。第四，本章描述了一个概念性的决策框架，用于做出是自制还是外包的决策，以解决上述问题。

一体化/模块化供应链对自制/外包决策的影响

1968 年，由戈登·摩尔、罗伯特·诺伊斯和安德鲁·格罗夫三位工程师组成的精英团队离开了仙童半导体公司，在加利福尼亚州山景城创立了英特尔。30 年后，英特尔成为家喻户晓的品牌，是一家价值数十亿美元的企业。尽管仙童半导体公司的主要业务是半导体，并且大部分有前景的新型"硅栅 MOS 技术"都是在该公司开发的①，但其选择了"内部自制"战略进行垂直整合，丧失了本可以获取的利润。

再看丰田汽车和电装公司的例子，它们都有独立的治理结构，在许多项目中密切合作，共同解决设计和制造问题。虽然丰田汽车将零部件供应外包给电装公司，从电装公司"采购"产品，但它们关系融洽。② 与此相比，通用汽车开展了许多涉及其北美运营商和供应商（Delphi）之间子项目的汽车项目，看似选择了"自制"策略，但在涉及内部零部件供应链问题时往往存在较大的争议。

丰田汽车和通用汽车截然不同的供应链关系充分说明了简单的"自制和外包"分类是存在问题的，不能准确解释我们在实践中观察到的复杂现象。本书认为：引入第8章的分类方法——供应链的一体化架构和模块化架构，为传统的"自制和外包"问题提供了更丰富、更有用的框架。换句话说，我们不应该简单使用垂直或分散进行分类，而是应该根据供应链中各成员在地理、组织、文化和电子四个维度上的紧密程度，将供应链关系划分为从高度一体化到高度模块化的不同等级。结合产品、流程架构的模块化程度，进一步思考"自制和外包"策略。

---

① Tim Jackson, *Inside Intel*, New York: Dutton, 1997, 第1章和第2章。
② Takahiro Fujimoto, "The Origin and Evolution of the 'Black Box Parts' Practice in the Japanese Auto Industry," working paper, Tokyo University Faculty of Economics, 1994.

第9章 丰富"基因库"：自制 vs 外包

在仙童半导体公司的例子中，该组织的成员在组织、地理和文化上有密切的邻近性。但相对于其他部门，"叛逃"的英特尔团队，其工作流程具备模块化特征，以至他们可以相对轻松地建立起一个新公司。①

在汽车行业的例子中，丰田汽车和电装公司在地理和文化上具有邻近性，并且有一些共同所有权，"外包"的供应链关系融洽。与此相比，通用汽车采取"自制"战略，但其下属的北美运营商和供应商（Delphi）虽然同属于通用母公司，但其管理结构是分开的，而且组织激励也不一致。这两种关系各有优缺点，正如我们在后续章节要讨论的，实际情况总是充满变化。

依赖性的动态变化

将价值链中的组成元素视为能力，每种能力都像种子一样可以被"种植"，直至成长、开花。虽然能力像花朵一样会衰败和消亡，但如果成功的话，它们的后代仍会延续这种适应能力。

本节将介绍发展这种能力的动态特性，探讨影响供应链设计的决策与能力发展的位置、速度之间的相互作用。当一个企

---

① 用经济学的语言来说，仙童半导体没有"特定资产"，不能在新的英特尔组织中复制。奥利弗·威廉姆森等人倡导"资产专用性"的概念，这在垂直整合的文献中已经变得突出。参见他的《资本主义经济制度》。用威廉姆森的话来说，诺伊斯·摩尔格罗夫团队负责人的知识资产不是仙童半导体特有的。这些资产可以转移，在另一个组织中具有很高的可用性。

业做出采购决策，无论是自制还是外包，它就是在播种一颗"能力种子"，有潜力成为强大组织的优势。供应商和购买方的关系有助于确定企业在相关技术方面是变得更加独立还是更加依赖。对于内部自制的产品，本书称之为独立循环，即自制会增强内部能力，而内部能力的增强又会鼓励做出自制的决策。与此相反，外包决策可能会触发依赖循环，会促使外部供应商发展能力，使得购买方越来越依赖外部供应商。这些关系如图9-1所示。

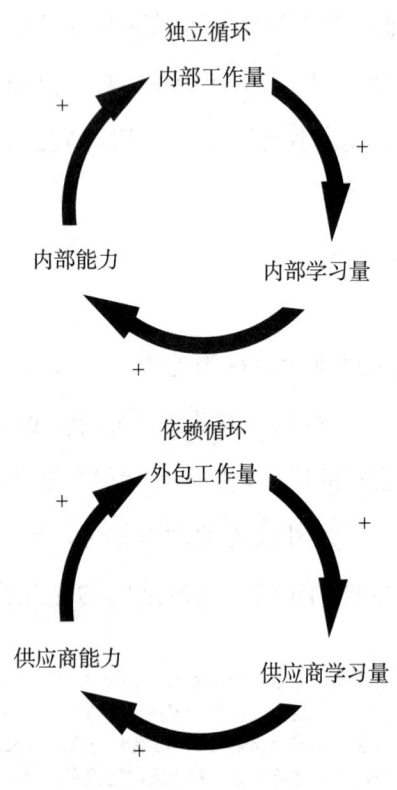

图9-1 能力获取和发展的动态变化

第 9 章 丰富"基因库":自制 vs 外包

行业的脉动速度越快,"能力种子"的生长速度就越快,能力的发展路径和最终成果也就越难以预测。"自制或外包"的采购决策在一定程度上决定了"能力种子"的位置和后续发展。一旦能力开始成长,培育它的公司可能就无法掌控后续发展。例如,IBM 在个人计算机 OS/2 操作系统上花费了 10 多亿美元,试图彻底消灭它在早些时候播下的微软 DOS"种子"萌发的新芽,但并未成功。①

宝丽来公司

下面以宝丽来公司(简称"宝丽来")在相机自动化方面的发展为例来说明独立循环。20 世纪 80 年代初,宝丽来相机的组装是一个劳动密集型的工作流程,但当时美元币值坚挺,劳动力成本高昂。

考虑到生产过程的劳动密集特点,要保持较高的质量就面临巨大的挑战。宝丽来的管理层认为他们必须"实现自动化、减少人力雇佣或者走向消亡"。尽管宝丽来在即时摄影技术方面拥有雄厚的技术知识储备,但在机器自动化装配方面知之甚少。意识到必须借助外部专业知识,宝丽来的管理层开始寻找可以将自动化装配技术应用到生产流程的供应商,最终他们选择与索尼合作。②

---

① 微软为 IBM PC 开发的第一个操作系统被命名为 DOS,意为"磁盘操作系统"。
② Mark E. Friedberg, "A Computer-Based Technical and Economic Model for Choosing Automated Assembly Parts Presentation Equipment," unpublished thesis, Massachusetts Institute of Technology, Leaders for Manufacturing Program, Cambridge, Mass., 1990.

两家公司建立了广泛的合作关系。起初，索尼提供了自动化系统的硬件、软件、应用工程、工具、DFM等方面的建议。在后续发展中，宝丽来的工程师积极从索尼吸收内部知识，成功发展了自动化装配的能力。1985—1995年宝丽来和索尼都对相机的自动化生产有了更深的理解。同时，宝丽来在其工厂使用的设备中引入了越来越多的内部技术工作，逐渐培养出一种内部能力，能够迅速将新相机生产线引入工厂，并重新配置自动化设备，为公司提供了战略优势（见图9-2）。

	相机自动化装配	
索尼		1985年
宝丽来	产品设计	
索尼		1990年
宝丽来	制造/应用工程设计	
索尼		1995年
宝丽来	制造/应用/软件工程设计	

相机自动化装配的技术知识量 →

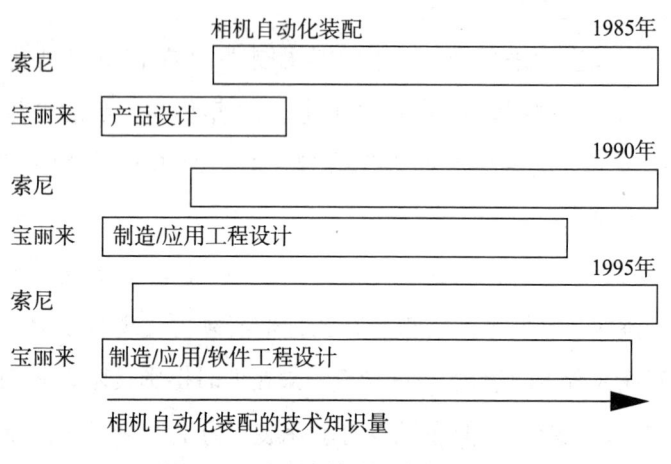

图9-2 宝丽来的能力内化与发展

通过在每一代产品生产中尽可能多地选择将知识性工作内化，宝丽来开发出了一项重要的技术能力来解决内部知识不足。与此同时，这种合作关系也使索尼能够增加自身的发展机会。宝丽来的工程师经常在会议上站出来，为索尼设备的质量背书。

第9章 丰富"基因库":自制vs外包

波音

作为能力外包和依赖性动态发展的一个例子,我们可以参考第1章中讨论的波音案例。通过把业务外包给日本航空航天供应商,波音种下了各种能力的"种子"。这些能力在日本供应商的经营中得到发展,最终超出了波音的控制能力。如图9-3所示,波音的分包合同对日本供应商的规模和技术能力产生了积极影响,这反过来又增强了日本产业的自主性,并最终使其有能力来要求更多的关键工作。此外,供应商作为分包商的吸引力增加,进而赢得了更多合同。在美国方面,合同减少导致规模和能力下降,这反过来又降低了美国本土供应商的吸引力,并促使波音在后续合同中将更多业务转移出去。

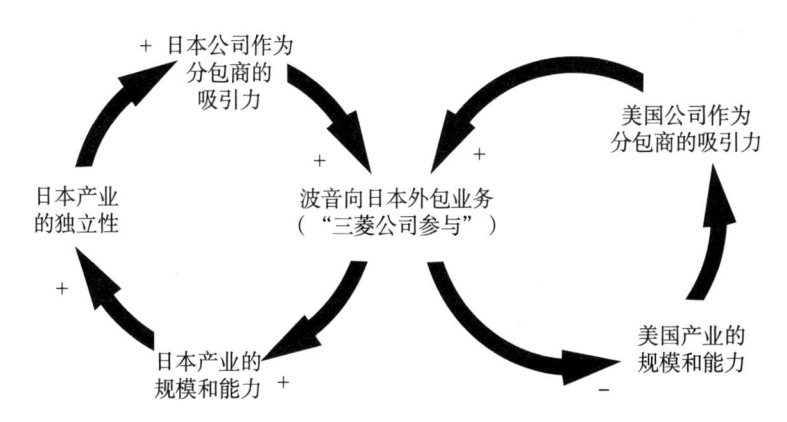

图9-3 波音依赖性的动态变化:能力外包和技术依赖

一旦类似的动态过程启动,它就有自己的发展轨迹,可能脱离发起者的控制。在波音的案例中，这个过程已经持续了25年以上，远超任何一位波音员工的职业生涯。尽管波音与日本供应商的关系发展态势良好，但当波音在中国、印度等新兴市场试图用生产换取销售时，可能会受到这种关系的影响。因此，对于低脉动速度的行业，必须开发动态模型和有远见的激励结构，以便采购决策能够反映公司的长远利益。

核心竞争力的动态变化

图9-4可用来概括核心竞争力的动态变化过程，并将三维并行工程直接与核心业务战略联系起来。[1] 企业现有的能力限制

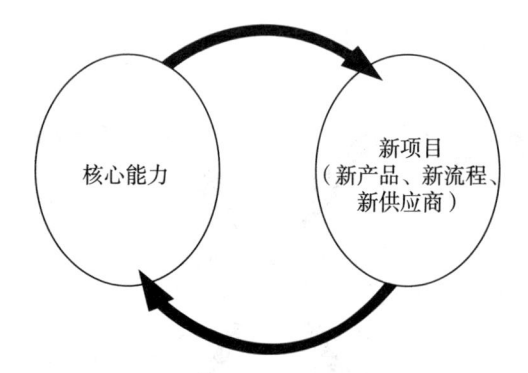

图9-4 新产品、新流程和新供应链关系中能力与项目的动态依赖[2]

---

[1] 关于核心竞争力概念的发展和解释的材料，参见 Prahalad and Hamel, "The Core Competence of the Corporation". 也可参见 Gary Hamel and C. K. Prahalad, *Competing for the Future*, Boston: Harvard Business School Press, 1994.

[2] Dorothy Leonard-Barton, *Wellsprings of Knowledge*, Boston: Harvard Business School Press, 1995.

第 9 章　丰富"基因库"：自制 vs 外包

了可以成功开展的项目集合，但这些能力也构成了企业构建下一个项目的资产基础。项目的开展创造了能力，而这些能力反过来又影响了可以启动的项目数量。每当企业做出涉及产品、流程或供应链的决策时，企业都会改变其能力集，而能力集又会影响企业在下一次决策时可用的产品、流程和供应链决策的可行集合。

在类似消费电子的高脉动速度行业中，像戴尔或索尼几乎每月都会推出新产品，因而有很多机会改进或调整其能力集。但是，由于竞争对手也有调整机会，因而行业会围绕能力集塑造的竞争优势展开竞争。而在低脉动速度行业中，像波音、空中客车这样的公司每十年才有几次机会推出新产品并调整其能力集。

我们认为：不能将核心能力视为一成不变和永恒的，而必须将其持续时间视为整个行业或相关技术脉动速度的函数。项目选择和能力发展相辅相成，企业应该专注于能够最大化竞争优势的部分，并相应地组建产业链。

依赖性的分类

企业为何选择将某个生产环节外包给供应商？[1] 原因如下：

---

[1] 本节主要参考 Fine and Whitney, "Is the Make/Buy Decision Process a Core Competence?"。

1. 能力：企业无法生产该产品或难以获得相应的生产能力，因而必须寻找供应商。

2. 制造方面的竞争力：供应商的成本更低或质量更高，并且能够更快地完成生产。

3. 技术：由于多种原因，供应商生产的产品版本更先进。

不寻求外包供应商的两个战略层面的原因[1]：

1. 足以左右竞争力的知识：该要素对产品的性能至关重要，或者该产品的生产技术至关重要。

2. 客户的关注焦点/市场差异化：企业应该做对客户而言最重要的部分，或是产品在市场上与众不同的部分。

这份清单可以归纳为两类依赖：对能力的依赖和对知识的依赖。[2] 在能力依赖的情况下，企业可以生产所需物品，而且可能已经在生产，但由于时间、资金、空间或管理方面的原因，它选择通过供应商来扩大产能。在知识依赖的情况下，企业需要某些物品，但缺乏生产技能，因而它寻求专业的供应商来填补这一空白。表9-1说明了丰田汽车在能力和知识方面对某些供应商的独立性和依赖性的深刻差别。

---

[1] Ravi Venkatesan, "Strategic Sourcing: To Make or Not to Make," *Harvard Business Review* 70, no.6, November-December 1992: 101.

[2] 对能力的依赖和对知识的依赖之间的区别源于与麻省理工学院丹尼尔·惠特尼和杰弗里·帕克的讨论。

第9章 丰富"基因库":自制 vs 外包

表 9-1 丰田汽车的外包战略选择

丰田汽车的外包战略选择	知识独立	知识依赖
能力独立	发动机	很罕见
能力依赖	变速器	电子系统

丰田汽车几乎100％自主设计、开发和制造车辆使用的发动机;对于变速器,丰田汽车设计了所有的产品,但将70％的制造工作外包;丰田汽车在车辆电子系统的设计、开发和制造方面严重依赖供应商。[1]

丰田汽车通常被视为供应链设计和管理以及利用供应商进行"黑箱"设计的创新者和引领者。[2] 该企业在战略上考虑了哪些零部件和子系统留在内部,哪些零部件和子系统外包以获取产能或设计与开发能力。表9-1展示了丰田汽车在这方面实践的一些例子。该表有两个值得注意的观察结果:第一,丰田汽车根据零部件或子系统的战略角色(如发动机或变速器)改变其做法;第二,一些决策是基于历史判断做出的,但随着情况变化需要重新考虑。例如,丰田汽车历史上在车辆电子子系统的开发和制造方面严重依赖电装公司。然而,随着电子设备在车辆总价值中所占比例的增加以及在设计和驾

---

[1] Satoshi Nakagawa, "Developing Core Technologies for Automotive Components," a paper presented at the symposium "Creating and Managing Corporate Technology Supply Chains," Massachusetts Institute of Technology, Cambridge, Mass., May 10-11, 1995.

[2] Fujimoto, "The Origin and Evolution of the 'Black Box Parts' Practice in the Japanese Auto Industry".

驶界面中作为集成元素的重要性日益凸显，丰田汽车正在公司内部发展更强大的电子能力。①

考虑半导体行业的一个例子。20世纪90年代东芝和三星等公司都在制造动态随机存取存储器，并从尼康购买制造技术。如第5章所述，它们购买的产品包括步进式光刻机，这种设备的售价高达500万美元/台，在东芝和三星的工厂中都要大量使用。但在光刻技术方面，三星在能力和知识上都依赖尼康。而东芝虽然在能力上依赖尼康，但凭借雇佣的光刻技术专家团队，其在知识上具有独立性。

东芝在知识和技术能力上的巨额投资得到了什么回报？也许东芝获得了更高质量的生产流程、更快的产量提升速度以及更强的评估供应商产能和技术的能力。但是，在一定程度上，三星在DRAM市场上紧追不舍，东芝需要考虑在与三星的竞争中，其光刻能力能维持多久，以及这种能力在销售或利润方面能提供何种优势。第5章提供了一种可能的答案：东芝可能需要在将其知识出售给其他公司（比如在步进式光刻机领域与尼康正面竞争）和削减其技术深度以在成本上与三星竞争之间做出选择。

---

① 麻省理工学院研究人员丹尼尔·惠特尼、沙伦·诺瓦克和尼廷·乔格莱卡尔的访谈，丰田市，1994年5月。

第9章 丰富"基因库":自制 vs 外包

自制 vs 外包决策分析矩阵

是自制还是外包,在理论和实践上很复杂,没有简单的答案。[①] 我们考虑一个由四种相互依赖关系组成的四维矩阵,可以对自制和外包问题提供重要见解。这四种相互依赖关系为:

- 技术(一体化或模块化)
- 组织(一体化或模块化)
- 跨期性(脉动速度,双螺旋结构的循环)
- 竞争力(供应商的多寡)

第一,在技术方面,请回顾第8章中一体化和模块化产品架构的区别,产品架构决定了产品可分解为模块化子系统的界限,并影响着外包的难易程度;第二,在组织方面,请考虑本章前面介绍的对知识的依赖和对能力的依赖的概念;第三,第4章的双螺旋模型以及本章的独立/依赖循环描述了跨期决策以及技术和组织动态变化的模式;第四,竞争的相互依存关系取决于在既定能力下供应商的丰富程度。下面将分两阶段介绍这四个维度。

首先,让我们看一下法恩和惠特尼(Fine and Whitney)提出的二维矩阵,见图 9-5。[②]

[①] Charles Fine and Daniel Whitney, "Is the Make vs. Buy Decision Process a Core Competence?".

[②] 同[①]。

	依赖知识和能力	只依赖能力
产品是模块化的（可分解）	**潜在的外包陷阱** 你的合作伙伴可能会取代你。他们拥有跟你一样或更多的知识，可以获得与你相同的元素	**最佳的外包机会** 你了解它，你可以把它插入你的流程或产品中，它可以从几个来源获得，并不代表竞争优势。外包意味着你可以把精力放到更有竞争优势的领域
产品是一体化的（不可分解）	**糟糕的外包情况** 你不知道你在买什么，也不知道如何整合它。结果可能是失败，因为你会花很多时间返工和重新思考	**可以共存的外包** 你知道如何整合该项目，即使其他人可以获得相同的项目，你也可以保持竞争优势

图 9-5　组织依赖性和产品可分解性矩阵

　　这个矩阵展示了产品架构与外包策略之间的相互作用。当产品具有模块化架构时，它通常可以分解为相对容易外包的子系统（模块）。如果企业选择外包这种模块化子系统的制造（依赖能力）和设计与开发（依赖知识），如图 9-5 左上角所示，这样的决策可能会给供应商创造"敲竹杠"（即抬高价格）的机会。考虑图 9-6 左上角，其中还包括了行业脉动速度和供应商集中度。如果行业脉动速度慢且潜在供应商众多（比如房屋的门窗或汽车的挡风玻璃、雨刮器），那么外包开发和生产对建筑商或汽车制造商来说几乎没有战略风险。相反，如果行业脉动速度快且潜在供应商少（比如飞机或汽车的发动机控制系统），通过外包模块，企业可能面临失去对关键子系统控制的风险。

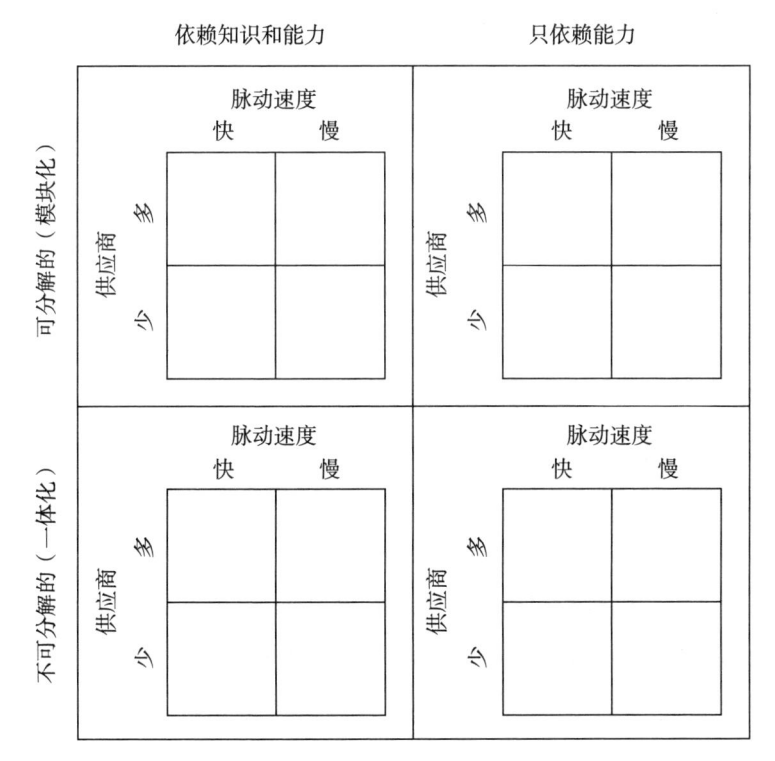

图 9-6　自制和外包的决策分析矩阵：
可分解性、依赖性、脉动速度和行业竞争力

对于一体化架构的产品，类似的推理方法同样适用。当供应商众多且行业脉动速度慢时，外包风险较小。然而，由于一体化构架的产品根据定义难以分解为子系统，所有外包都对维护各个子系统开发团队之间的密集沟通和迭代提出了挑战。通用汽车北美战略委员会曾根据战略重要性和战略可外包性程度对其车辆系统的每个组件都进行了分类。①

丰田汽车的三维能力开发

丰田汽车是能力开发和利用的大师。尽管它严重依赖外包，但在对其产业链至关重要的能力方面，丰田汽车都保持着世界级的专业知识水平。它在产品、流程和供应链三个维度上，对核心能力执行了卓越的自制/外包决策，并持续进行能力升级。下面将介绍在流程、产品和供应链开发过程中的实例，展示丰田汽车如何持续强化和深化其能力。

流程开发：1990年，丰田汽车在《改变世界的机器》一书中被誉为卓越的精益生产商，超过了世界上其他所有汽车制造商的制造能力。② 丰田汽车并没有满足已经获得的荣誉，而是继续探索和完善其生产理念及技术。

在不到5年的时间里，丰田汽车连续推出了四代生产流程——位于丰田市的自动化程度极高的田原工厂、位于日本南部的九州工厂、广受赞誉的元町工厂翻新工程以及位于美国的肯塔基工厂扩建。③ 正如东京大学教授藤本隆博所追踪的那样，

---

① Paul M. Gutwald, "A Strategic Sourcing Model for Concurrent Product, Process, and Supply-chain Design," unpublished thesis, Massachusetts Institute of Technology, Sloan School of Management, Cambridge, Mass., May 1996.

② Womack, Jones, and Roos, *The Machine That Changed the World*.

③ Takahiro Fujimoto, "Reinterpreting the Resource Capability View of the Firm: A Case of the Development-Production Systems of the Japanese Auto Makers," working paper, Tokyo University Faculty of Economics, 1994.

第9章 丰富"基因库":自制 vs 外包

丰田汽车利用每一座新工厂来不断学习和改进著名的丰田生产系统。① 丰田汽车在提高生产能力方面既有条不紊,又善于把握机遇。最重要的是,该公司对其所从事的系统化流程有着高度的认知。

产品开发:丰田汽车的产品开发流程同样展现了类似的学习能力。20世纪90年代初,克莱斯勒凭借其革命性的彩虹(Neon)小型车实现了成本大幅削减和制造时间缩短,令竞争对手大为震惊。特别是日本企业,当时它们正在经受日元币值动荡,遭受了沉重打击。

然而,丰田汽车迅速推出了三款主要产品:重新设计的卡罗拉、全新的RAV4小型运动型多用途车以及重新设计的凯美瑞。每一款车型都为精益生产设置了新的标准,为客户创造了更高的价值。在汽车行业习惯于每年涨价的背景下,丰田汽车在1996年宣布其新款、更优质的凯美瑞降价。

供应链开发:最后,讨论供应链开发方面。《纽约时报》曾报道丰田汽车子公司与得州仪器成立合资企业,并投资15亿美元建设一座半导体工厂,用于生产内存芯片和汽车电子元件。② 该文章描述了丰田汽车此前进军电信和软件领域的举措,并两

---

① Takahiro Fujimoto, "Reinterpreting the Resource Capability View of the Firm: A Case of the Development-Production Systems of the Japanese Auto Makers," working paper, Tokyo University Faculty of Economics, 1994.

② Andrew Pollack, "Move by Toyota Reported into Japanese Chip Market," *New York Times*, August 8, 1996, p.D8.

次使用"令人费解"一词来表达作者对丰田战略的困惑。但对于管理学家而言，这些举措并不难以理解。丰田汽车的顶尖思想家们似乎研究过行业脉动速度快的电子企业，并得出结论：汽车行业可能会经历与电子行业在过去20年中所经历的相同的结构转变。丰田汽车凭借三维并行工程正在调整其供应链设计战略，为即将到来的变革做好准备。

正如丰田汽车所证明的那样，管理者相对于普通员工具有巨大的优势。他们可以根据需要对企业进行重新设计，加速企业的进化，从而使其能够抓住机遇。

即使是丰田汽车也无法通过垂直整合掌控一切，它必须着眼于产业链的协同效应和对内部能力的明智选择。正如我们所看到的，企业内部设计和制造的每一个流程、产品或服务都会增加企业的知识储备，扩大企业的能力范围。而企业外包的每一个环节都为供应商提供了构建能力的机会。这并不是说企业应该避免外包，但这些决策必须要谨慎考虑。此外，即使确定某些关键能力需要外包，企业也需要考虑如何设计与供应商的合同关系，以便在这些能力变得更有价值时，为企业保留一定程度的控制权。

回顾最初的案例，显然，IBM将关键的个人计算机子系统外包给英特尔和微软的决策是一个具有重大影响的供应链设计决策。在此决策后，IBM的市值暴跌了900多亿美元，其在计算机行业的主导地位戛然而止。然而，即使做出了外包决策，

第9章 丰富"基因库"：自制 vs 外包

IBM 在早期的合作关系中仍有机会持有英特尔高达 30% 的股份和微软 40% 的股份。IBM 最初投资了英特尔，购买了其 20% 的股份，但在大约 10 年后过早地以 6.25 亿美元的利润出售了这些股份。① 如果充分利用购买这两家公司股份的机会，IBM 的股东本可以获得超过 1 000 亿美元的收益，这是一个巨大的失误。因此，如果能在合同关系中预见外包活动的价值，即使这些活动是价值链上的重要环节，也不一定会导致利润丧失。

下一章将探讨实施三维并行工程的一些工具；第 11 章将提供另外两个供应链设计和控制的案例。

---

① Alfred Chandler, "The Computer Industry-The First Fifty Years," in David Yoffie, ed., *Competing in the Age of Digital Convergence*, Boston: Harvard Business School Press, 1998.

第 10 章

精细操控：工程师的工具包

要实现高脉动速度，无须"炸毁"原有组织并重建，可以在现有基础上进行调整。

受到日本先进制造方法的刺激，20世纪80年代许多西方制造企业以丰田汽车、索尼等公司为标杆进行学习。到20世纪90年代初，许多制造企业取得了重大突破，特别是在并行工程和面向制造的设计方面。管理者意识到，他们不能只关注工厂来提升生产绩效，还要同时关注产品设计流程，即为产品的可制造性进行设计。

三维并行工程将这一概念从产品、流程扩展到产品、流程、供应链的并行设计与开发。然而，产品开发、制造流程和供应链管理在传统上被认为是独立的业务流程。我参加过一家制造公司的高管会议，他们表示：公司有四个核心业务流程，其中

第 10 章　精细操控：工程师的工具包

就包括产品开发和供应链管理。这一说法背后隐含的战略思维是存在问题的，即管理层将产品开发和供应链开发分隔开了。但是，正如本书所主张的，三维并行工程应被视为一种统一的能力，而不是三个独立的功能，即产品、流程和各种能力。

我还认为，供应链设计和开发应该作为一种元核心能力，即对其他所有能力和发展战略进行选择及评判的基础能力。这种观点是对供应链开发在企业战略中的作用的重新思考。此外，大多数管理者认为：在公司中重新开发供应链极具挑战性。但是，与很多管理者认为必须彻底重建组织的想法相反，实施三维并行工程并不需要对组织流程进行激进的变革。[1]

相较于"炸毁重建"式的解决方案，我建议采用一种基本的组织方法，即将并行工程、产品开发流程、设计-构建团队作为实施三维并行工程的核心。

产品开发流程

十多年来，随着许多行业脉动速度的加快，更多管理者认识到公司产品开发流程的战略重要性。大量公司对缩短产品开发时间的投资优先于其他项目。在竞争对手产品开发周期短且行业脉动速度快的情况下，公司的生存取决于其快速开发产品

---

[1]　Michael Hammer and James Champy, *Reengineering the Corporation: A Manifesto for Business Revolution*, New York: Harper Business, 1993, p.1.

和服务的能力。

　　作为一个经验法则,许多管理者认为:产品生命周期设计和制造中80%的成本是由产品开发决策所决定的[1],而且这些决策通常是在产品开发周期的初期做出。此外,产品的质量、可靠性、可维护性以及客户感知的全部价值也是在这个阶段确定的。上述原因导致大多数投资流向了产品开发过程。公司对产品开发流程的投资,其中很大一部分用于并行工程方法及其在产品开发过程中的应用。[2]

　　在《产品设计与开发》(Product Design and Development)一书中,卡尔·乌尔里克和史蒂文·埃平格展示了一个富有启发性的表格,该表格说明了开发制造产品的复杂程度差异极大,从史丹利工具公司(Stanley Tools)的电动螺丝刀(开发团队约6人,开发预算约30万美元)到波音飞机(需要数万人和60亿美元的预算)。[3] 显然,用于开发电动螺丝刀项目的组织工具对于开发喷气式飞机来说是远远不够的,而用于开发飞机的方法对于电动螺丝刀项目来说则过于烦琐和官僚。史蒂文·埃平格、丹尼尔·惠特尼及其麻省理工学院的学生对"小型产品开发"和"大型产品开发"进行了区分,旨在认识产品开发项目之间

---

[1] Nevins and Whitney.
[2] Mitchell Fleischer and Jeffrey Liker, *Concurrent Engineering Effectiveness*, Cincinnati: Hanser Gardner Publications, 1997.
[3] Karl T. Ulrich and Steven D. Eppinger, *Product Design and Development*, New York: McGraw-Hill, 1994, p.6.

第 10 章 精细操控：工程师的工具包

的差异。①

那么，小型产品开发和大型产品开发之间的界限在哪里？如果整个开发团队可以在一个房间内"面对面"地推进项目，就属于"小型产品开发"；如果开发团队的规模和距离需要通过组织层级或者大量使用信息技术沟通（如电子邮件和视频会议），就属于"大型产品开发"。

大多数用于管理产品开发项目的正式工具均适用于小型团队和大型团队。但是，小型团队在使用这些工具时可能更加灵活。本章主要关注"大型产品开发"，偶尔会涉及"小型产品开发"。

产品开发管理工具

对于"大型产品开发"，项目的复杂性往往超过了任何单一工具或视角的分析能力。我们都听说过"盲人摸象"的故事，每个人对认知事物的整体都感到困惑，直到他们综合讨论各个部分才能解决这个难题。

"大型产品开发"需要类似的努力，像汽车和飞机等大型产品的开发过程极其复杂，没有一种单一工具可以全面解决大型产品开发项目中错综复杂的问题。汽车开发项目必须设计产品、

---

① Steven Eppinger et al., "A Model-Based Method for Organizing Tasks in Product Development," *Research in Engineering Design*, no.6, 1994: 1–13.

流程和供应链，其生产流程涉及数十种不同的制造工艺、数千个供应商和数万名工人，复杂性远超常人的想象。因此，大型产品开发项目的管理往往面临着"盲人摸象"的挑战：每个人都对眼前的流程非常熟悉，但很难把所有细节整合为一个综合的整体。

本章将描述一些用于大型产品开发的工具，进而实现三维并行工程。下面将从五个部分展开：

- 面向制造的设计（DFM）
- 进度安排
- 设计结构
- 流程瓶颈
- 客户需求

上述每一个工具都对产品开发管理有益，但如果单独使用，就不能形成完整视角。本章将综合介绍这些工具，并对管理产品开发和实施三维并行工程提出更多建议。

面向制造的设计

20世纪80年代美国制造公司达成了一个共识，即面向制造的设计——产品和流程的并行工程，远远优于将产品"抛到墙外"的做法。研发人员可以为产品构思出伟大的设计，但只把设计交给制造部门，并不一定能正式投产。因此，同时考虑产品设计和流程架构就能避免这种问题。但是，对那些成功实施

第 10 章 精细操控：工程师的工具包

并行工程的公司来说，从"小型产品开发"到"大型产品开发"需要一个过渡期。

在一家小公司中，产品和流程开发团队的每个人都可以定期在同一个房间开会。"我们能制造这个产品吗？"团队成员可以非正式地提出这个问题，并且他们可以在一个下午解决许多生产问题。随着公司的成长和生产线的扩大，产品和流程开发者会转移到不同的部门、不同的建筑物，甚至不同的地域。地理距离是一个需要克服的挑战，但更重要的是需要更正式的方法来协调产品设计性能与可制造性。

20 世纪 80 年代，布思罗伊德（Boothroyd）和杜赫斯特（Dewhurst）因他们的面向装配的设计工具而闻名，该工具用于系统地分析装配过程中的可制造性问题。[1] 他们的工作提供了"设计规则"，有助于产品设计师不再提出难以装配的设计。[2] 此外，他们提供了分析工具来估计设计和装配新产品的成本，帮助管理者更好地理解"大型产品开发"。

李（Lee）和比林顿（Billington）超越了传统的 DFM 方法，将供应链问题纳入定制设计中。他们讲述了惠普的一个案例，

---

[1] Geoffrey Boothroyd and Peter Dewhurst, *Product Design for Assembly*, Wakefield, R. I.: Boothroyd Dewhurst, Inc., 1989; Geoffrey Boothroyd, Peter Dewhurst, and W. A. Knight, *Product Design for Manufacturing*, New York: Marcel Dekker, 1994.

[2] Karl Ulrich, David Sartorius, Scott Pearson, and Mark Jakiela, "Including the Value of Time in Design-for-Manufacturing Decision-Making," *Management Science* 39, no.4, 1993: 429-447.

这是一个将供应链成本设计整合到并行工程中的优秀例子。① 对于欧洲市场，惠普制造了带有模块化电源单元的打印机，客户在指定所需电源类型后就可进行定制。这种定制设计不仅降低了惠普该系列打印机的库存成本，还极大地提高了客户服务水平，缩短了客户等待时间。

同样，在半导体行业，英特尔积极与设备供应商合作，鼓励进行可维护性和可服务性设计。② 根据具体情况，英特尔可能会自行维护产品，或者由原始设备制造商或第三方完成维护工作，展示了供应链设计与产品和流程设计相互作用的其他方式。

进度安排

在当今产品开发管理中最常用的工具是项目计划进度图，在某些领域被称为计划评审技术（project evaluation review technigue，PERT）、关键路径法（critical path method，CPM），或有时被称为PERT/CPM。③ 这个工具以图形和顺序的方式列出了完成项目所需的所有活动，并带有预期完成时间和先后顺

---

① Hau L. Lee and Corey Billington,"Designing Products and Processes for Postponement," in *Management of Design: Engineering and Management Perspectives*, ed. S. Dasu and C. Eastman, Boston: Kluwer Academic Publishers, 1994, pp.105 - 122.

② Morris Cohen and Teck Ho,"Design for Service and Life Cycle Performance: Spares Consumption Reduction and Design for Serviceability," working research agenda, Wharton School, University of Pennsylvania, May 8, 1998.

③ F. K. Levy, G. L. Thompson, and J. D. Weist,"The ABCs of the Critical Path Method," *Harvard Business Review*, September-October 1963: 98 - 108.

第 10 章 精细操控：工程师的工具包

序的数据：哪些活动必须在其他活动之前进行，以确定项目的"关键路径"。许多产品开发经理将这个工具作为管理和控制项目进度的主要手段。

通常说来，当供应商在项目中扮演重要角色时，其活动会体现在制造部门的 CPM 模型中。但是，采购方实际看到的只是供应商的单个活动。如果供应商未能满足进度要求，就会给没有为此做好计划的客户带来巨大冲击。例如，丰田汽车在 1997 年凯美瑞的产品开发和推出过程中，就遇到了一些北美供应商的此类问题。[1] 在项目后期，丰田汽车收到了供应商无法满足进度要求的坏消息，不得不进入紧急模式，从日本供应商那里空运零部件，导致成本大幅增加。CPM 模型所示的"图谱"追踪了活动路线，但它并没有告诉你如何处理意外风险。

通过获取供应商的 CPM 模型并将其纳入采购方的项目计划进度图，可以避免许多供应链中固有的风险和延迟。对供应商生产过程的洞察可以帮助采购方更密切地监控这些过程，并对供应商履行承诺的能力获得一定的控制权。例如，丰田汽车后续开发了一个软件用来观察北美供应商的技术开发工作，并将其与日本丰田汽车工程师的开发工作紧密集成，实际上是在供应链中用电子邻近性替代了地理邻近性。

利用信息技术增加我们对产品开发项目的了解和参与，是

---

[1] Chris Couch, "Power in the Chain".

一种良好的商业实践。此外,需要注意的是,当采购方仅依赖供应商的能力时,通常可以对供应商的流程进行评估,以满足进度要求;但如果采购方也依赖供应商的知识,就不太可能实现这一点。[1]

设计结构

设计结构视角由麻省理工学院教授史蒂文·埃平格倡导和完善,他与学生、同事构建了一套设计结构矩阵(design structure matrix,DSM)。DSM是一种描述涉及许多任务的项目结构的图表工具。[2] 要构建DSM,需要将任务排列成方形数组,以便在图中的各个交叉点记录任务关系。与关键路径法不同,矩阵可以捕捉迭代信息,即可以在有新信息时重新审视设计决策。DSM特别擅长处理紧密耦合的重要项目任务,比如为高度一体化的产品设计和改进组件。

图10-1用一个简单例子说明了基本的DSM工具。[3] 该过程分两步进行,分别由左侧和右侧的矩阵表示。第一步是在矩阵的顶部和左侧列出产品开发流程中所需的所有主要活动。在图中,这些活动用字母A到L表示。对于每一行,在所有需要

---

[1] 感谢丹·惠特尼提出了这一点。
[2] Robert P. Smith and Steven D. Eppinger, "Identifying Controlling Features of Engineering Design Iteration," *Management Science* 43, no.3, 1997: 276-293.
[3] Daniel Whitney, "Design Structure Matrix Tutorial," Massachusetts Institute of Technology, Center for Technology Policy and Industrial Development, Cambridge, Mass., 1997.

第 10 章 精细操控：工程师的工具包

该活动完成信息的列中放置一个"×"。例如，在矩阵左侧，活动 E 在完成之前需要来自自身以及活动 F、H 和 K 的信息。为大型项目收集信息是一项具有挑战性的任务，在我们的研究中，许多公司都没有做好这项工作。[1]

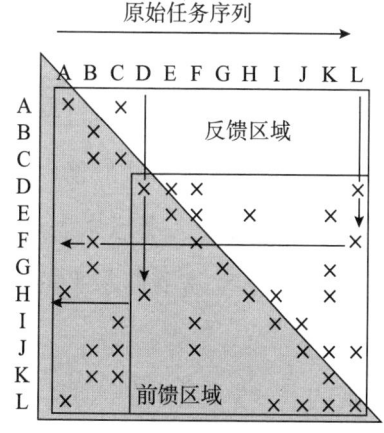

例如，最初所述的设计结构矩阵。
任务 D 将信息向下游馈送到任务 H。
任务 F 需要来自任务 L 的信息。

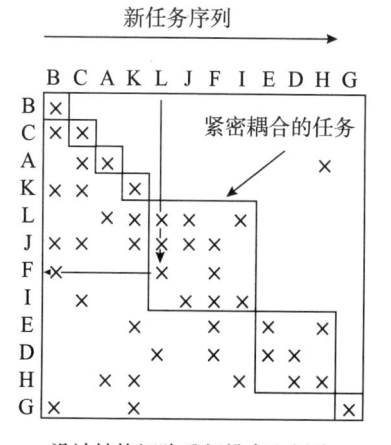

设计结构矩阵重新排序和划分。
任务 L 将信息向下游馈送到任务 F。
任务 L、J、F、I 组成了一个需要密切管理的任务组。

图 10-1 描绘复杂设计任务和寻求更高效设计过程的设计结构矩阵[2]

DSM 认识到一些活动可能是相互依赖的。例如，在飞机研发项目中，发动机规格可能取决于载客量，而载客量又取决于

---

[1] Thomas Black, Charles Fine, and Emanuel Sachs, "A Method for Systems Design Using Precedence Relationships: An Application to Automotive Brake Systems," working paper #3208-90-MS.

[2] Daniel Whitney, "Design Structure Matrix Tutorial," Center for Technology Policy and Industrial Development, Massachusetts Institute of Technology, Cambridge, Mass., 1997.

可用的发动机功率。这种相互依赖关系在 DSM 中通过在代表每个活动的行中为另一个活动放置一个"×"来表示。一旦为所有活动收集了这些数据，DSM 排序算法就会对活动进行重新排序[①]，该活动将按照最具管理价值的顺序排列。

重新排序后的矩阵如图 10-1 右侧所示。因为活动 B 没有前驱活动，所以应该首先进行，然后是活动 C，它只有活动 B 作为前驱活动。在活动 C 完成后，活动 A 和活动 K 可以同时且独立进行。在活动 A 和活动 K 完成后，活动 L、J、F 和 I 应该以高度交互、并行和迭代的方式同时进行。分组在一个框中表明：这四个活动是相互高度依赖的，完成这组活动需要高水平的交互沟通。

在重新排序后的矩阵右上角出现的"×"（比如在 A 行、H 列），表示在该过程中的晚些时候需要迭代回到开头，即代表一个巨大的项目。但将从 A 到 H 的每个活动视为一个大型并行子项目是不切实际的，并且违背分解项目的原则。当出现这种情况时，它表示需要重新审视决策 A，确认不存在重大问题。例如，在汽车研发项目中，假设 A 代表车辆总质量的目标值，这是在项目早期选择的一个设计参数。在项目后期，当所有其他组件都已研发完成时，需要返回 A 检查目标质量值实际上是否未被超过。

[①] Steven Eppinger, et al., "A Model-Based Method for Organizing Tasks in Product Development," *Research in Engineering Design*, 1994, no.6, pp.1-13.

第 10 章 精细操控：工程师的工具包

当通用汽车开发出新一代豪华车之一的奥兹莫比尔-奥罗拉（Oldsmobile Aurora）车型时，工程师们在项目后期发现，这辆车（最初开发的）太重，无法达到他们期望的性能。然而，在项目后期，解决这个问题的办法不是检查每个组件，在这里削掉 1 盎司，在那里削掉 1 磅。由于该问题发生在奥罗拉项目的后期，工程师们没有重新审视每个项目，他们迅速回到"活动 A"，评估了问题，并做出了一个重大改变——用铝而不是钢制造引擎盖，从而通过一个（不便宜的）决策减少了许多重量。

这是一个简单的例子，有一个"显而易见"的解决方案。然而，在实际的大型开发项目中，一个有用的 DSM 有数百个活动。如果没有 DSM，几乎不可能确定何时迭代最有用，何时活动应该按顺序进行或并行进行，以及何时重叠的活动可以有效地组合成一个紧密耦合的并发子项目。

正如史蒂文·埃平格反复证明的那样，DSM 可以成功应用于从汽车到半导体等行业的产品与流程并行的开发项目中。[1] 将 DSM 工具扩展到供应链开发层面并不困难。对于在项目中至关重要的供应商，企业应该扩展 DSM，将它们的活动也包括进去，并进行分析（即计算出图 10-1 右侧的矩阵），表明与每个供应商所需的交互程度、时间和类型。如果一个供应商的活动像图 10-1 的活动 L、J、F 和 I 一样聚集在一个框中，那么一旦完

---

[1] Robert P. Smith and Steven D. Eppinger, "Identifying Controlling Features of Engineering Design Iteration," *Management Science* 43, no.3, 1997: 276-293.

成必要的前驱活动,该供应商就可以独立地工作。然而,如果一个供应商的活动与企业的项目或其他供应商的活动紧密交织在一起,企业应注重协调供应商的活动,以尽可能避免僵局。同时,如果看到高度的相互依赖,企业可能需要重新考虑外包这样一个一体化子项目是否有意义。

流程瓶颈

CPM 与 DSM 主要是为分析单个工程项目而设计和应用的。通常说来,公司内的每个项目都由自己的项目经理管理。根据精益生产模式,项目经理在管理项目时可能有很大的自主权决定使用 CPM 还是 DSM 工具。[1] 然而,公司内往往有一些资源必须在多个项目之间共享。例如,在半导体设计公司,原型制造设施通常在所有设计项目之间共享。在汽车公司,制造概念车模型的黏土模型车间通常由各个部门的设计师共享。

由麻省理工学院和斯坦福大学的研究团队探索的流程瓶颈视角,将产品开发功能重新概念化为产品开发工厂。[2] 流程瓶颈方法不是关注每个项目的 CPM 或 DSM 模型中的活动和关系,而是关注所有项目使用的资源。这些资源共同代表了公司的产

---

[1] James Womack, Daniel Jones, and Daniel Roos, *The Machine That Changed the World*.

[2] Robert J. Alexander, "Scheduling and Resource Allocation Methodologies for Fast Product Development in a Multi-Product Environment," unpublished thesis, Massachusetts Institute of Technology, Leaders for Manufacturing Program, Cambridge, Mass., June 1991.

第 10 章 精细操控：工程师的工具包

品开发工厂，应用戈德拉特（Goldratt）"约束理论"[1] 中的概念，寻找公司产品开发中的瓶颈（约束）资源。

在产品开发环境中，当多个项目竞争瓶颈资源时，每个项目都必须排队等待轮到自己使用瓶颈资源。管理排队顺序以及资源的相对供需通常对单个项目的开发时间有巨大影响。例如，在宝丽来的一项研究中，由几个独立工作的项目经理指导的单个项目往往比 CPM 模型中计划的完成时间晚数个月甚至数年。[2] 我们使用流程瓶颈分析得出结论，这些模型在计算中忽略了项目等待稀缺瓶颈资源服务的大量时间。一旦高级管理人员意识到组织中低于首席执行官级别的开发人员需要拥有评估各种产品开发资源供给能力的过程，他们就可以利用这一认识显著缩短项目完成时间。

将流程瓶颈应用于三维并行工程框架可以增强其影响力。在许多开发项目中，供应商的活动可能会成为瓶颈。特别是同一个采购方可能会有多个项目，对那些可能成为瓶颈的关键供应商进行精心管理，可能会对项目总时间和绩效产生巨大影响。

在通用汽车的一个研究项目中，我们分析了整个车辆研发过程中的一个关键瓶颈：冲压模具的供应。冲压模具是为所有

---

[1] Eliyahu Goldratt and Jeff Cox, *The Goal*, Croton-on-Hudson, N. Y.：North River Press, 1984; and Eliyahu Goldratt, *Theory of Constraints*, Croton-on-Hudson, N. Y.：North River Press, 1990.
[2] Alexander, "Scheduling and Resource Allocation Methodologies".

冲压金属车身部件塑形的大型钢制工具。① 在通用汽车的模具开发中，根据工会合同，只有在内部模具开发能力被 100% 利用的情况下才允许外包。车辆项目经理通常发现外部供应商提供模具的速度比内部车间快得多，但经理们通常不被允许寻求外部资源。与此同时，由于公司的指令是让内部能力满负荷运转，因而在内部运营中出现了长长的排队等候现象，导致吞吐量很大、交付时间非常长。通过在三维分析中纳入供应商能力，企业可以更好地利用内部能力和供应商能力的组合并最终改善绩效。

客户需求

为了取得成功，所有产品开发项目都需要充分考虑外部现实。任何在开发过程中没有听取"客户声音"的产品，从一开始就带有致命缺陷。尽管这个原则显而易见，但许多负责产品开发的工程机构往往对其先进的科学技术过于兴奋，以至于常常忘记与目标客户确认哪些特征和属性被视为"理想且值得购买的"。

在产品开发中，用于客户需求视角的最著名工具是质量功能展开（QFD）②，这是 20 世纪 80 年代日本管理思想大规模传

---

① Kelly, "Use of a Simulation Game and Queueing Model".
② John Hauser and Don Clausing, "The House of Quality," *Harvard Business Review* 66, no.3, 1988: 63–73.

第 10 章 精细操控：工程师的工具包

入西方时引入的另一个工具。美国施乐公司的唐·克劳辛（Don Clausing）是其早期的倡导者和推动者。[1] QFD 提供了一个名为"质量屋"的工具，这个名字源于其盒式的分析图。它为客户驱动的产品开发中的一系列问题提供了高层次的概述，包括识别关键产品特征、将这些特征与感知到的客户需求相关联、确定交付这些特征的产品技术以及评估竞争产品。

从 QFD 和客户需求视角衍生出的两个相关工具——概念工程和关键特性，为"质量屋"方法增加了更多深度，将客户声音正式且系统地整合到产品开发过程中。

概念工程

概念工程[2]是一个结构化的过程，配有辅助决策工具，适用于产品开发团队开发产品的过程。[3]

该过程在思考层面（反思）和经验层面（数据）之间交替进行，使参与者能够理解什么对客户重要、为什么重要、如何衡量以及如何在产品概念中解决这些问题。如图 10-2 所示，概念工程有 5 个阶段，每个阶段有 3 个步骤。[4]

---

[1] Donald Clausing, *Total Quality Development: A Step-by-Step Guide to World-Class Concurrent Engineering*, New York: ASME Press, 1994.
[2] Gary Burchill and Diane Shen, "Concept Engineering: The Key to Operationally Defining Your Customer's Requirements," Cambridge, Mass.: Center for Quality Management, 1992.
[3] 乌尔里克和埃平格在产品设计和开发方面提供了一个类似的模型。
[4] 更完整的文件可向质量管理中心索取。

```
1. 了解客户的背景环境
   步骤 1：制订探索计划。
   步骤 2：收集消费者声音。
   步骤 3：理解客户所处的环境。
              ↓
2. 将理解转换为需求
   步骤 4：将建议转化为需求。
   步骤 5：选择重要需求。
   步骤 6：深入理解需求。
              ↓
3. 将所学知识付诸实践
   步骤 7：制定和管理问卷。
   步骤 8：生产需求指标。
   步骤 9：整合理解。
              ↓
4. 概念生成
   步骤 10：分解概念。
   步骤 11：产生想法。
   步骤 12：生成解决方案。
              ↓
5. 概念选择
   步骤 13：审查解决方案。
   步骤 14：选择概念。
   步骤 15：反思概念。
```

图 10-2　概念工程的 5 个阶段和 15 个步骤

阶段 1：了解客户的背景环境

在这个阶段，开发团队要站在客户处于产品或服务实际使用环境的角度来培养同理心。选择客户应用环境的情景，并用 KJ 图进行分析。使用 KJ 图将产品概念与客户的现实世界联系起来[①]，

---

① Jiro Kawakita, *The Original KJ Method*, Tokyo: Kawakita Research Institute, 1991.

第 10 章 精细操控：工程师的工具包

为产品开发团队提供一个通用的地图，以帮助他们理解客户环境，从而辅助产品概念决策。

阶段 2：将理解转换为需求

在这个阶段，从客户大量带有主观性的语言中提炼出一小套很好理解的、精心阐述的关键需求。将这些需求转化为更适用于下游开发活动的客观且面向事实的需求陈述。从众多有用的需求中选择出少数几个关键需求，并分析它们之间的关系。

阶段 3：将所学知识付诸实践

在这个阶段，开发团队以可衡量的条件验证客户的关键需求，并将其展示出来，以便清晰地看到需求、指标和客户反馈之间的关系。

阶段 4：概念生成

这个阶段标志着开发团队的思维从"需求或问题空间"过渡到"想法或解决方案空间"。基于客户和设计工程师的视角，将复杂的设计问题分解为子问题。通过个人和开发团队的协作，开发团队先单独创建解决方案的概念，然后再集体创建，而后从中开发出最终的设计概念。

阶段 5：概念选择

概念工程的最后一个阶段基于一种称为"概念选择"[1] 的方

---

[1] Stuart Pugh, *Total Design*, Workingham, England: Addison-Wesley, 1990.

法，这是一个迭代过程，它将初始解决方案的概念进行组合和改进，以开发出少量优秀概念。根据客户需求和组织约束，对"幸存"的完整概念进行详细评估，以选择主导概念。在完成后，还会有一个审计跟踪，用于追溯整个决策过程，因为概念工程的过程是自我记录的。

关键特性

关键特性通常被定义为向最终客户交付的价值中被认为是最关键的产品或流程的特征。[1] 关键特性工具的本质是将需求从客户需求向下传递到制造需求，以支持这些需求，再到可制造需求，以支持制造功能。在实际应用中，可以将其细分为产品关键特性（PKCs）、制造关键特性（MKCs）和装配关键特性（AKCs）。[2] PKCs 与创造客户满意度的产品重要属性相关，MKCs 与制造过程相关，AKCs 支持产品装配（或可制造）的特征。图 10-3 说明了产品、制造和装配之间的关系。[3]

在图 10-3 的最左侧是交付给客户的最终产品，包括客户期望的 PKCs 或特征。MKCs 是制造系统的特征，用于将 PKCs 从

---

[1] Don Lee, Anna Thornton, and Timothy Cunningham, "Key Characteristics for Agile Product Development and Manufacturing," Agility Forum Fourth Annual Conference Proceedings, March 1995.

[2] Lee and Thornton, "The Identification and Use of Key Characteristics".

[3] 同[2].

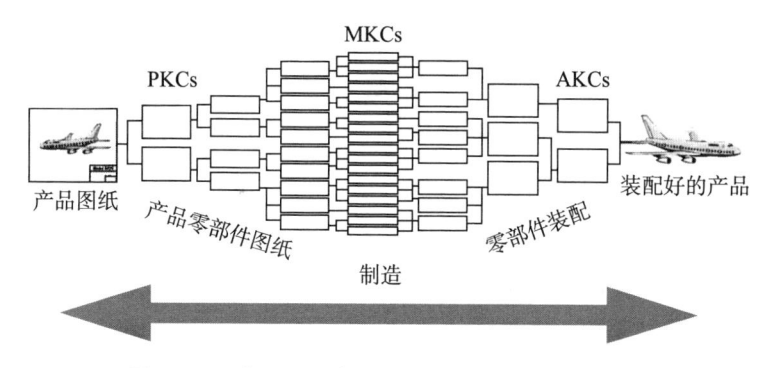

第 10 章 精细操控：工程师的工具包

图 10-3 产品、制造和装配之间的关系：关键特征

工厂传递到产品中。因此，MKCs 源自 PKCs。在图 10-3 的右侧是 AKCs，即支持产品装配和可制造的特征。

MKCs 支持制造部门传递特殊的产品特征。例如，如果客户希望她的笔记本电脑中的硬盘驱动器能够存储 100GB 的数据（PKC），那么在磁盘制造技术中必须达到一定的制造公差（MKCs），以使这样的产品可行。另外，AKCs 是针对装配设计的特征。例如，如果硬盘驱动器可以用卡扣直接装入笔记本电脑，那么其装配成本将低于依赖螺丝进行装配的设计，并且缺陷率也会更低。

关键特性方法支持产品和流程开发过程中的一系列决策，包括特征选择、详细产品设计和设备选择。三维并行工程框架可以促使企业扩展该工具，通过将需求从客户公司外部传递到价值链中，包括供应商关键特性（SKCs）。关键特性工具有助于识别供应子系统中的关键特征、供应商工厂中的关键能力以及供应商供应链中的关键组件。

例如，当英特尔在三维并行工程中考虑了供应链问题时，其某款产品的设计将会发生变化。英特尔一直致力于为产品增加更多功能，该公司计划将其关键产品的功能从独立微处理器拓展到带有由其他电子元件支持的嵌入微处理器的电路板。在扩展产品的设计中，英特尔过去一直使用一种依靠9个小型机加工金属引脚来连接芯片和电路板的安装系统。预计新产品的年销量约为1亿件，这意味着需要9亿个机加工金属引脚。[①] 英特尔供应链团队对产能特性进行调研后发现，全球并没有足够的制造这种引脚所需的机床！显然，对关键供应链特性的研究在设计初期就完成了，这使得产品特性能够重新设计，从而避免了可能给英特尔关键产品发布带来的灾难。

并行工程工具的重要性与日俱增

在当今企业管理领域，诸多产品开发管理工具并未广为人知，业务部门经理对其涉猎较少。然而，让所有经理人员熟悉这一工具包已显得愈发必要，原因主要有以下三点：

1. 脉动速度加快的推动

随着脉动速度的持续加快，企业不得不更频繁地推出新产

[①] 英特尔资本设备总监兰迪·博利希于1997年7月17日向我讲述了这件轶事。

品以适应市场变化。这一趋势导致企业内的项目工作所占比重显著增大。[①] 实际上，这意味着业务经理在其日常工作及职业生涯中越来越多地扮演起项目经理或监督者的角色。相应地，项目管理技能与工具的重要性日益凸显，对其重视程度也必然随之提升。

2. 产品开发周期压缩的需求

脉动速度的加快还促使企业必须压缩产品开发周期。而实现这一目标的关键策略之一，便是并行开展以往按顺序进行的活动，并行工程恰好为此提供了有效的解决方案。有鉴于此，越来越多的公司认识到并行工程的不可或缺，这就使得更多的经理人员不得不投身于并行工程工具的学习之中。

3. 供应链设计战略地位的凸显

当我们将供应链设计视为决定企业核心竞争力的关键因素（即具备选择和整合其他各项能力的能力）时，供应链设计无疑已成为高级管理层的核心职责之一。然而，一旦深刻理解了供应链架构、流程架构与产品架构之间紧密的内在联系，高级战略决策者与项目经理之间加强沟通协作就显得至关重要。唯有如此，全体人员才能深入理解产品开发管理工具，从而形成共同的专业语言，以便更高效地探讨和解决与产品、流程及供应

---

① Geoffrey Parker, "Contracting for Employee and Supplier Capability Development," unpublished dissertation, Massachusetts Institute of Technology, Cambridge, Mass., 1998.

链架构相关的复杂问题。

  为了更直观地展示这些工具的实际应用，下一章将引入两个实际案例——惠普医疗产品集团的病人监护部门（PMD）以及 Teledesic 公司旨在发射数百颗卫星构建"空中互联网"的项目，两者均处于高脉动速度的行业中，充分彰显了并行工程在能力开发方面的强大效能，不仅未对利润造成负面影响，反而切实推动了利润的增长。

第 11 章

高脉动速度时代的基因工程：借助动态三维并行工程塑造能力

企业的终极能力是创造和管理新能力的能力，同时实现利润增长并适应更快的脉动速度。

在阐述了三维并行工程的理论和工具之后，我将提供两个案例，以说明三维并行工程分析如何指导管理人员在一个高速发展的世界中做出复杂的决策。总部位于马萨诸塞州安多弗市的惠普医疗产品集团的病人监护部门（PMD）就是一个很好的例子，它说明了脉动速度和三维并行工程框架，以及第 9 章中的自制/外包模型，是如何帮助管理者设计适当的战略，以应对双螺旋从一体化到模块化的转变。在第二个例子中，我们看到了 Teledesic 的一个项目团队如何运用三维并行工程来支持其雄心勃勃的"空中互联网"计划的发展。该计划旨在建立一个由 288

颗卫星组成的网络，用于提供全球互联网接入服务。在这两种情况下，高（或不断提高的）脉动速度都要求使用动态三维分析：当前的决策不仅要在三个维度上保持一致，而且还要预见到继任者所面临的变化。

惠普的病人监护部门

惠普医疗产品集团为医疗保健行业提供临床监测和信息解决方案，以及服务和支持。[①] 在 1996 财年，该集团在全球范围内拥有 5 300 名员工，收入达 14 亿美元。在该集团中，PMD 提供各种产品，用于收集和处理急症护理机构，特别是医院的病人数据。这些产品包括传感器和监护仪、临床信息系统和信息管理工具，使人和机器能够监测与分析患者在急症护理环境或其他地方的信号。例如，使用中央监护站，护士可能会发现病人的心律有些异常，如果出现异常，器械本身就会发出警报。随后，护士会联系心脏科医生，后者可在其办公室的计算机显示屏上查看数据，做出诊断并开具治疗处方。

病人监护行业

从历史上看，病人监护行业的发展相当缓慢和保守。主要

[①] Jay Burkholder, "The Effect of Industry Dynamics on Supply Chain Strategy for Patient Data Management Products," unpublished paper, course 15.769, Massachusetts Institute of Technology, Cambridge, Mass., 1998.

第11章 高脉动速度时代的基因工程：借助动态三维并行工程塑造能力

客户（如临床医生、内科医生和医院管理者）不愿意拿病人的生命去冒险使用未经验证的技术。此外，病人监护系统是一项重大的资本投资，必须使用10年或更长的时间。另外，由于技术水平高且不断变化，因而该系统的产品生命周期往往很短。事实上，PMD产品中某些组件的生命周期可能不到6个月。此外，由于惠普的医疗信息管理工具主要是使用计算机的，因而该公司可以通过使用行业标准的计算和数据处理硬件，以最少的产品重新设计来更快地提高其应对能力。

PMD的客户群既包括独立医院，也包括拥有许多诊所和医院的企业集团。由于许多独立医院往往没有先进的信息技术支持人员，因而它们有可能需要并愿意为惠普提供的全方位医疗系统服务付费。然而，许多企业集团都设有信息技术部门，负责管理其硬件和软件的方方面面。这种能力使这些公司在与惠普的竞争中具有强大的讨价还价能力。这些大型机构正在推动病人数据管理产品向模块化转变，因为它们不太愿意为自己不需要的组件或自己喜欢做的内部集成付费。

病人数据管理产品的供应链有三大环节：定制硬件、集成软件以及配置和测试。定制硬件包括安装专用硬件的扩展（如专用网卡）以及对硬件本身进行一些改动（例如，移除个人计算机的扬声器音量控制）。集成软件包括以通用形式加载的操作系统、专用硬件驱动程序和应用软件。在配置阶段，PMD根据客户的具体应用定制软件，使客户能够选择，并对配置后的系统进行测试，以确保其正常运行。

这三个环节相互依存。它们不仅在顺序上相互依赖，而且都有特殊的技术要求，因而很难按照客户的要求采购硬件或配置系统。此外，如果标准的硬件出现哪怕是很细微的变化，专用硬件和软件也可能无法正常运行。在将这一供应链的管理外包之前，必须使集成软件和测试流程对硬件变化的兼容性更高，并且更加简单和自成一体。

惠普的信息管理工具通常不使用行业的标准硬件来构建。由于这些工具必须在生死攸关的情况下运行，因而软件必须始终无故障运行，这一点至关重要。医疗服务提供商和惠普都无法承受在急诊环境中这些工具出现故障的后果。PMD以其高质量的产品和制造而著称，它必须像任何决定采用外包的公司一样，关注"内部"是否有其他公司的产品。

让情况变得更复杂的是，与康柏和戴尔等巨头相比，PMD只是计算机硬件的一个小用户。事实上，PMD的销量从未超过其主要硬件供应商总销量的10%。因此，它在控制硬件方面的影响力有限。虽然在出现问题时，供应商愿意提供帮助，但它们不会为了PMD的利益而冻结硬件配置，使其达到PMD的要求。

最后是捆绑问题。20世纪90年代，大多数医疗监控系统都是以捆绑套餐的价格出售的：硬件、软件和服务。PMD采用捆绑销售的方式，将其监控软件完全集成到硬件中，并根据客户

第 11 章　高脉动速度时代的基因工程：借助动态三维并行工程塑造能力

的要求进行完全定制和配置。另一个部门提供安装服务（捆绑在销售价格中），为惠普的客户完成"交钥匙"解决方案。

与单独的销售相比，捆绑销售具有多种优势：它使像惠普这样的公司能够完全控制产品，并按照"良好生产规范"实施设计。许多客户无法或不愿意自行整合解决方案，他们更愿意以单一价格获得所有产品：他们会收到系统、软件、交货、发票和安装团队。更重要的是，惠普以其作为优秀的单一来源供应商的良好声誉，作为其在 PMD 的核心竞争优势。

在未来很长一段时间内，惠普可能会继续为部分客户提供"交钥匙"解决方案。其中，一些系统可以由未捆绑的模块化组件构建而成。然而，医疗软件解决方案的分拆似乎是市场力量在双螺旋过程中不可避免的结果。这些力量最终将迫使 PMD 提供非捆绑式软件解决方案。客户将能根据自己的需要，只购买软件或购买软件、硬件和服务的组合。以下几种力量正在促成这一变化[①]：

- 精明的客户知道，相比惠普的专业机构，他们可以更便宜地采购和安装标准硬件。
- 一旦客户可以轻松识别硬件并自行定价，捆绑式产品的价

---

① 事实上，惠普通过引领病人数据监控行业使用标准硬件，开创了非捆绑软件的趋势。通过在行业标准硬件上构建系统、利用技术进步和削减成本，惠普提高了自身的优势，但也使产品模块化，并将产品的价值从所提供的特定硬件转移到软件本身。一旦整个行业都效仿惠普的做法，客户就会只看重系统的软件价值，在很多情况下，除了软件之外，他们不愿意为其他任何东西向 PMD 付钱。

值可能会低于惠普的交付成本，因而软件需要单独定价。有些客户会要求在硬件上自行集成和安装软件。

- 如果说提供全套解决方案是惠普的竞争优势，那么其竞争对手可以通过将客户的期望转向非捆绑式产品来削弱这一优势，只要它们的价格和质量至少与惠普一样好。竞争对手可以通过以更优惠的价格提供客户所需的组件来提高客户的感知价值。

一旦硬件和集成过程的执行成为产品，病人数据监控行业未来的主导力量将是强大的软件开发和集成过程开发。PMD最终将发现身处模块化行业，它应该试图控制其中最重要的能力。客户究竟何时会要求只购买软件，目前尚不清楚，但惠普的营销和产品开发部专家认为，这种变化最迟将在5年内发生。[①] 不过，PMD必须开始为置身模块化的世界做好准备。

由于细分市场不同，将来PMD必须同时提供捆绑式"交钥匙"解决方案和非捆绑式软件。软件与硬件的最终拆分将使PMD内部必须进行若干变革。由于惠普不会在所有情况下都参与集成和安装过程，因而PMD必须开发简化的产品制造流程和程序，以便在安装时不再需要惠普的专业人员。

产品能力

最重要的是，惠普必须确保最终产品能够正常运行，并能

---

① 这一估计基于伯克霍尔德（Burkholder）对惠普员工的访谈。

第 11 章　高脉动速度时代的基因工程：借助动态三维并行工程塑造能力

充分确保患者的安全。在非捆绑的环境中，惠普对其产品集成的直接控制较少，在流程执行不当的情况下，责任与风险将增加。惠普需要通过精心撰写的合同、易于执行和评估的"傻瓜式"产品质量测试以及审查客户使用系统的方法来控制这些责任。

就 PMD 而言，它必须在病人信息管理工具方面保留一些流程和产品能力，但只保留那些能增加独特价值的能力；其他能力应考虑外包。产品能力可能体现在产品的设计上，而不是装配上。

PMD 的硬件必须可靠、快速，能够承受软件和用户对其施加的负荷。通过使用行业标准硬件，PMD 消除了硬件能力上的价值，而硬件正日益成为一种产品。

然而，PMD 的软件必须无故障地执行越来越多的功能。为了避免给病人带来风险，软件不能使硬件超负荷工作，但也必须识别硬件何时超负荷工作（或以其他方式出现的故障）。新的数据分析算法和为用户提供的新功能是这些产品的主要卖点。这就是为什么软件是主要的产品竞争力。此前的产品并非如此，但 PMD 做出了这样的决定：设计新硬件并不是将功能推向市场的最有效方式。

流程能力

流程能力体现在供应商的执行能力和需求满足流程的设计

上。惠普在病人数据管理工具方面的流程能力在于制造、测试、交付和安装流程方面。然而，惠普独特且不可外包的流程能力在于这些流程的开发和客户管理方面。

作为医疗产品行业的领导者，惠普医疗必须将流程开发和控制作为核心竞争力。PMD与监管机构的关系——这里指的是食品药品监督管理局（FDA）——依赖于这种流程控制。如果我们从图中将流程控制和客户订单管理流程排除在外，那么其余的集成流程可以说都是非核心流程，它们也正在成为产品流程。

由于目前由惠普执行的交付流程将来会由惠普医疗内部或外部的客户或第三方供应商执行，因而PMD无法完全控制其设计流程的执行。因此，这些流程必须更加强大，才能提供类似的价值。产品的成本无疑会更高，但这并不是客户愿意支付的成本。为了保持竞争力，惠普必须依靠自己的能力来设计实施流程，使其成本的增加低于客户在非捆绑软件产品中所感受到的价值增加。尤其是在多个竞争对手都提供非捆绑软件产品的情况下，客户有可能认为增加的价值很小；因此，低成本的惠普流程开发能力对其在病人数据管理市场中的领导地位至关重要。

选择核心竞争力

如果我们将外包矩阵和可分解性概念应用于惠普（见图9-5），

第11章 高脉动速度时代的基因工程：借助动态三维并行工程塑造能力

我们就会立即发现PMD已经进行的外包存在问题：PMD在硬件能力方面已经自发形成了依赖，在其行业标准硬件知识方面则形成了部分依赖。虽然PMD的工程师非常了解硬件，但他们不对所购硬件的计算核心技术进行深入研究；也就是说，他们无法设计所用的硬件。如果产品是一体化的，他们就会陷入"糟糕的外包情况"；如果产品是模块化的，他们仍会陷入"潜在的外包陷阱"。

然而，由于PMD决定使用行业标准硬件制造产品，因而它也推动了产品硬件部分的模块化。PMD正在努力使硬件在有限的产品规格内完全可互换。如图9-5所示，随着PMD的软件对其硬件依赖程度的降低，PMD正从左下象限向左上象限移动。决策模型指出，左上象限并不比左下象限好多少，但就PMD而言，左上象限可被视为安全的避风港。作为一个大商品市场的一小部分，它是安全的。

如果同时考虑供应商数量与矩阵中的依赖性和模块化（见图9-6），我们就会发现：对一个行业的依赖不如对单一供应商的依赖危险。计算机硬件正在成为一个行业，许多参与者提供的产品大体相同。只要软件能在大量硬件产品上使用，那么PMD就不那么容易受到滞销的影响，因为它有能力更换供应商。在这种情况下，软件对硬件变化的适应性就成了一个战略采购问题，其重要性远超当前的成本考虑。

硬件制造、软件开发、集成、交付和客户管理是能力链中非常不同的环节。如果惠普的知识依赖于能力链中的一个关键环节，那么该决策模型就意味着，如果关键环节的拥有者运用其新发现的力量，惠普就会失去其市场地位。PMD已经将硬件制造外包，而且相关风险可控。如果PMD保持对软件开发和客户管理的控制，就可以控制外包集成和交付的风险。如果惠普不加选择地将软件开发外包，那么我们有理由相信，关键软件的设计者最终可能会自己进入医疗信息管理行业。

如果PMD在内部保留了所有的硬件采购能力，那么它将在目前使用的硬件平台上进行大量的技术和技能投资，因而会有大量为软件加载和集成而开发的技术应用依赖于当前版本的组件。随着产品最佳架构的变化，惠普可能不愿意放弃这项投资，以保持领先地位。

PMD还有为管理硬件处理业务而建立的管理结构、衡量标准和流程。当PMD必须把未捆绑的纯软件产品推向市场时，这些系统就不能很好地为PMD服务了。例如，以客户为导向的衡量标准将明显转向安装和使用的简便性，而不是交付成本。如果PMD主要根据其硬件处理能力来界定自己，那么它可能会发现自己处于一个软件世界，无法灵活地满足客户需求。

对PMD的影响

由于PMD只需关注未来最重要的能力，同时未来价值最小的将在硬件处理方面，因而PMD应保留对软件产品能力（包括

第11章　高脉动速度时代的基因工程：借助动态三维并行工程塑造能力

最大限度地提高稳健性的能力）和流程开发的控制，同时外包硬件组装和集成。这一战略将使PMD能够把资源集中到价值最集中的地方。

不过，人们也有理由认为：既然PMD在产品和流程方面明显领先于竞争对手，也许PMD应该在其产品仍能获得高利润的情况下，保持产品和市场的完整。毕竟，市场的发展相当缓慢，PMD在被迫进入下一个产品样式之前，应该还有时间。为什么PMD要加速盈利结构的终结呢？

对这一论点的回应取决于人们对医疗监测行业脉动速度的看法。如果一个人认为产品生命周期将持续10年，那么唯一的回应就是长期战略和对PMD愿景的呼吁，这表明推动行业发展和提高病人监护质量与短期利润无关。然而，还有许多人认为，向行业标准硬件的转变将加快病人数据管理产品的脉动速度。在这种环境下，PMD保持行业领先地位的最佳机会就是率先将完全非捆绑的解决方案推向市场。此外，惠普应在市场需要非捆绑解决方案之前就开始这一进程。转变需要时间，尤其是当PMD遵循保守的转变计划时。此外，外包准备工作与软硬件拆分准备工作之间存在强大的协同效应。

惠普要继续发展，就必须摆脱其软件对硬件的依赖。惠普还必须制定可由任何合作伙伴执行的实施流程。在纯软件产品的极端情况下，合作伙伴将是客户，而惠普对它们的控制将非常有限。

提供非捆绑解决方案的这些技术要求与捆绑解决方案的硬件处理外包要求相同。通过外包硬件处理，PMD可以为未来的纯软件产品发展所需的能力。可以认为，外包是将软件产品与硬件分开的第一步。惠普将因此增强其在开发强大软件和安装流程方面的能力。

通过外包硬件处理项目，PMD可以在被迫向客户直接展示这些重要技能之前，锻炼和发展这些技能。利用这一领先于竞争对手的优势，PMD可以利用产品硬件（获取知识和能力）和大规模集成服务（仅获取能力）来降低成本，给竞争对手增加压力。

鉴于PMD将向部分客户提供非捆绑软件，因而它必须向所有客户提供每个流程的最佳感知价值。当客户要求PMD进行硬件采购和集成时，必须以最低成本提供这些服务。通过专注于强大的软件开发和集成流程，同时依靠外部供应商进行硬件处理，PMD可以保持其市场领先地位，并以尽可能低的成本提供服务。

全球卫星通信网络的卫星

1990年，西雅图最富有的两位企业家——曾建立全国性蜂窝电话系统并将其出售给AT&T的克雷格·麦考和微软首席执行官比尔·盖茨——决定创办一家企业，提供他们所称的"空

第 11 章 高脉动速度时代的基因工程：借助动态三维并行工程塑造能力

中互联网"。[1] 他们的构想是部署一个由 288 颗低地球轨道（LEO）卫星（外加几十颗备用卫星）组成的网络，这些卫星将以 850 英里的高度点缀在地球的大气层中，使全球任何地方都能从地面或海上接入互联网并提供电信服务。其目标是提供"类似互联网"的灵活性和"类似光纤"的服务质量，但没有光缆。[2] 由于所有旅行者都希望无论身处何地均能无缝地接入通信网络，而且世界上一半以上的人口无法使用有线电信系统[3]，Teledesic 的规划者希望他们的服务将拥有广阔的市场。

该项目雄心勃勃。Teledesic 希望整个系统的设计、产品开发、制造以及卫星的发射和地面站能够正常启动及运行，预算达 90 亿美元。对于卫星生产而言，这一目标代表着预期性能的巨大飞跃：每只"鸟"的成本水平为 1 000 万～2 000 万美元，精益生产系统每天可交付一辆小型货车大小的卫星，持续一年之久。相比之下，摩托罗拉的低地轨道铱星项目每颗卫星的成本约为 4 700 万美元，而一颗典型的高轨道地球静止通信卫星的成本在 1.25 亿美元至 1.75 亿美元之间[4]，其生产周期长达 18

---

[1] Lance Mansfield, "Teledesic: A Product, Process, and Supply Chain Design Methodology," unpublished thesis, Massachusetts Institute of Technology, Leaders for Manufacturing Program, Cambridge, Mass., May 1998.

[2] Mansfield, "Teledesic: A Product, Process, and Supply Chain Design Methodology," p.5.

[3] Haines, p.Al.

[4] Mansfield, p.11.

个月至3年，甚至更长，采用的是手工生产模式。①

这些较大卫星的飞行高度要高得多——约22 000英里，而且由于卫星的数量要少得多，它们可以覆盖整个地球。但是，由于它们与地球的距离较远，将会造成传输延迟，这在当今高脉动速度的世界里，对于没有耐心的语音和数据用户来说，绝对是无法忍受的。

Teledesic对功能、成本和进度的要求都极具挑战性。在功能上，卫星必须能够承受轨道发射的压力，并在10年内无故障运行。（你知道有多少计算机硬件系统在10年内没有维修过？）上门服务是不可行的，这些"鸟"也不可能飞出轨道进行调整，然后再飞回太空。对于地球同步卫星来说，1.5亿美元左右可以买到很多冗余设计。但是，鉴于Teledesic雄心勃勃的目标，照此进行冗余设计是不可能的。该项目的成本和进度限制都是苛刻的——这对于该项目的卫星工程师来说，既新奇又令人震惊。

Teledesic说明了三维并行工程和战略供应链设计中的各种问题。每颗卫星都是一个复杂的人造系统，包括光学系统、线束、对生存能力要求极高的金属和石墨纤维复合材料机体、由太阳能电池和蓄电池组成的动力系统（必须同时为带有推进器的推进系统和机载电信计算机供电）等。

那么，如何设计这些复杂的系统呢？如果你真的只打算建

---

① Haines, p. A5.

第 11 章 高脉动速度时代的基因工程：借助动态三维并行工程塑造能力

造一个，那么答案相对来说比较简单：你可以构建一个高度集成的设计，其中所有的子系统都是紧密耦合的。但是，如果你要设计一个需要组装大量产品（按照航空航天标准）的生产线和供应链的系统，问题就变得有点棘手了。事实上，卫星历来被认为是非常完整的——子系统之间是高度互联和相互依存的。托马斯·海恩斯如是说：

> 如果设计 Teledesic 计算机网络的工程师决定通过每颗卫星发送更多数据，这就意味着需要更强的信号发送能力。为了获得更强的能力，他们需要在每颗卫星上增加能量。为了获得更多的能量，他们需要更大的太阳能电池——巨大的太阳能电池板可以捕捉太阳的能量，并将其传输到机载电池中。增加一个更大的太阳能电池会增加卫星的总重量。越重的卫星发射成本越高。如果卫星太重，可能意味着需要另一枚火箭来发射它。这可能意味着要在加利福尼亚发射卫星，而不是在俄罗斯，或者反之亦然。[1]

快速生产的途径之一是设计和组装的模块化。如果每个子系统都能独立建造和测试，那么许多工作就可以并行进行。但是，Teledesic 的工程师们能否想出一个满足所有要求的模块化

---

[1] Thomas Haines, "Teledesic: A Dare on a Deadline," *Settle Times*, December 7, 1997.

设计，并开发出一个模块化供应链来建造它？

1997年春，在项目进行了7年后，Teledesic及其100名员工以1亿美元的价格将10%的股份出售给了西雅图的另一个邻居：拥有20万名员工的波音。① 对于波音来说，太空是下一个伟大的飞行前沿。该公司在复合材料和天线方面的优势，加上对罗克韦尔火箭发动机、航天飞机和GPS专业技术以及麦克唐纳-道格拉斯公司发射能力的收购，造就了太空领域巨头的潜力。与波音的传统业务一样，由于发射大型卫星系统的成本和所需场地巨大，因而天然的规模经济使太空成为一个只有少数大型竞争者的市场。

对波音来说，这似乎是天赐良机。由于空中客车在商用飞机领域发起的激烈竞争不断升温，波音或许需要一个新的市场。商用卫星依托波音在航空航天领域的优势，使该公司能够参与电信市场，从而减少了全球对喷气式运输机的需求。波音还可能不断开发能力，使其成为世界上复杂产品的低成本生产商。随着未来几十年世界对带宽和连接性要求的提高，其业务量可能会大幅增加。

三维设计：流程时间与重量之间的斗争

1997年秋天，波音和Teledesic决定将三维并行工程框架

---

① Thomas Haines, "Teledesic: A Dare on a Deadline," *Settle Times*, December 7, 1997, p.Al.

第11章 高脉动速度时代的基因工程：借助动态三维并行工程塑造能力

作为管理卫星、流程和供应链开发的高级模型。经理们认为：工程团队中的许多人都有军事卫星开发的文化背景，他们需要强烈的成本和进度意识，而三维并行工程框架可以提供这种意识。

对该团队三维流程方法的一次关键考验发生在 Teledesic 卫星设计如何模块化的问题上。其中，一个颇为困难的生产要求是缩短整体材料的流动时间。通过缩短所有组件的流动时间，管理人员可以减少系统库存，缩短发射时间。因此，生产流程时间对整个项目的成本和进度安排有很大影响。由于发射日期需要提前很长时间协商确定，因而生产流程时间需要得到巩固。为了减少总体物料流动，管理人员将卫星分成几大块，并与供应商签订合同，平行生产这些部分。这一策略导致了对模块化设计的需求：卫星可以实际拆分并分配给不同的供应商。

一旦这些部件在地面上组装完毕，卫星就变成必须发射升空的极其沉重的物体。乘以 288 倍，这种发射需要巨大的能量，而世界上很少有供应商具备这种能力。高昂的发射成本要求每枚运载火箭携带数颗卫星，这就对卫星的重量和体积提出了严格的限制。

在一段时间内，重量限制是该计划最具挑战性的限制，因而需要积极进行重新设计，以便尽可能多地将卫星装入最轻的封装中。由于连接模块的接头需要额外的材料，因而初始设计从几个模块减少到两个模块。设计小组声称，它仍然符合模块化的要求，因为卫星确实可以分成两个模块，并行组装，尽管比原设计所规定的流程时间要长得多。

在传统的生产过程中，这一决定会被扔给生产工程师。由于模块化设计的目标是在生产计划中而不是在更高层次的需求文件中提出的，因而在没有充分考虑所有问题的情况下，就会做出为了重量而牺牲模块化的决定。即使管理人员意识到了这一冲突，他们很可能也会优先考虑重量限制。

然而，在以需求为中心的三维并行工程流程中，模块化要求和重量要求都与项目成本相关联。因此，设计小组严格评估了重量与流程时间的权衡曲线，并达成了一个跨越产品、流程和供应链界限的折中方案，大家都认为该方案更接近全局最优。

在战略供应链层面，问题也同样复杂。尽管 Teledesic 可能拥有最雄心勃勃的"空中互联网"产品，但这并不能保证其 90 亿美元的投资能够获得积极的回报。只要看一眼复杂的资讯娱乐业供应链（见图 2-1），就会发现传输领域充斥着各种参与者和技术。因此，Teledesic 需要利用其供应链决策来创造收入和卫星。

在收入方面，该公司需要获得政府的批准，以便向旅行或固定客户提供服务。如果俄罗斯和中国是发射过程中的供应商，则可能会有更多的业务来自这两个国家。在生产方面，英国通用电气公司和法国拉加代尔集团的合资企业马特拉·马可尼航

第 11 章 高脉动速度时代的基因工程：借助动态三维并行工程塑造能力

天公司也将参与该项目。①

在技术方面，摩托罗拉于 1998 年初作为权益合伙人加入了该项目（以约 7.5 亿美元换取 26％的股份）②，并带来了其在铱星项目中积累的专业知识。与此同时，此举也有助于巩固摩托罗拉与 Teledesic 的合作，而不是像此前计划的那样，两家公司各自提供一个相互竞争的系统。③

Teledesic 计划在 100 名员工的基础上继续发展。更准确地说，它打算将供应链设计作为其核心竞争力来发展，并想通过战略合作伙伴关系打造一个电信巨头。当然，这条道路也有风险。如果该系统最终变成了"内有波音和摩托罗拉"，那么 Teledesic 可能会发现自己处于局外。考虑到该行业的技术脉动速度，Teledesic 购买的系统必然会在推出后不久就被淘汰。如果波音和摩托罗拉能继续开发下一代产品，它们可能就不需要 Teledesic 了。另外，如果 Teledesic 能牢牢把握住与所有监管机构和国际合作伙伴的产业链关系，那么各方都有可能为项目带来世代相传的巨大价值。

前文对 Teledesic 以及惠普 PMD 项目的简要描述，表明了三维并行工程分析的复杂程度。在惠普 PMD 的案例中，当一个行业开始沿着双螺旋从垂直/一体化转向水平/模块化时，我们便能占据供应链设计的前排位置。惠普作为老牌领导者，面临

---

① Schiesel, p.C1.
② 同①.
③ 同①.

着比新进入者更艰难的选择,因为它必须自行放弃原有的、有利可图的竞争力,以免残酷的竞争者抢占先机。关键的选择涉及对能力链上风险和回报的识别,一旦完成向水平/模块化的过渡,预计能力链上的风险和回报就会出现——至于会持续多久,没有人知道。利润与质量之间存在着严重的冲突,而这种产品是与人的生命息息相关的。①

Teledesic是经典的三维工程。在这里,我们看到了一体化设计的重要减重特性与模块化设计的严苛成本和上市时间要求之间的冲突。② 在更高的层面上,我们看到价值链合作伙伴关系的战略杠杆得到了明智的运用,从而使Teledesic既能满足创建成功团队的需要,又不会使团队独立于其召集人之外。

最重要的是,这些分析表明:对行业动态进行仔细评估并从三个维度对工程进行考虑,能够在动态、不确定的环境中做出理性选择。

在本部分的最后一章,我将回到计算机行业,这是一个脉动速度最快的行业。在这个行业中,帝国来来去去、瞬息万变。通过脉动速度分析和三维并行工程的视角,我特别考察了康柏对Tandem和Digital的收购。康柏的故事对我们很有启发,因为它告诉我们,康柏的管理者试图通过双螺旋来面向未来,并根据他们对行业结构和机遇的预测制定战略。

---

① 丹·惠特尼为我提供了该综述和图谱(个人通信)。
② 同①.

第 12 章

回到果蝇：进化的压力

进化过程会不断产生新的竞争者，仔细观察就可以获得新的见解。脉动速度越快，经验就越丰富。

在 20 世纪 80 年代的一部流行电影中，克里斯托弗·劳埃德（Christopher Lloyd）扮演一位古怪的时空穿梭机发明者，他对自己的门徒迈克尔·福克斯（Michael J. Fox）感叹道：为了拯救世界，他们必须"回到未来！"除了科幻小说之外，我们还没有时空穿梭机。据我所知，也没有人研制出完美的具有前瞻性的水晶球。

由于缺乏预见未来的能力，我们只能通过学习过去的案例来窥探未来。这种必要性让我们的管理学家"回到果蝇"。

正如我在本书第一部分中论述的那样，商业果蝇让我们有机会以快进的速度观察工业的演变。就像生物学家试图揭示自然法则一样，商业遗传学家也有机会观察到原本可能看不见的经济原理。在这一探索过程中，个人计算机行业一直是我们试管中的实验对象。在本章后半部分总结本书的方法论之前，让我们先回到个人计算机行业的实验室，看看正在发生什么变化。

在第一部分中，我们注意到，IBM 在其第一台个人计算机上做出的三维并行工程决定为英特尔和微软创造品牌技术子系统奠定了基础。由此产生的产品和供应链架构的模块化，使康柏和戴尔先后推出并指导了 IBM 制造和销售"克隆产品"的战略。

康柏一跃进入该行业，标志着双螺旋的转折——从一体化产品和供应链到模块化产品和供应链——新结构既带来了财富，也带来了损失。其中，最令人震惊的财富是比尔·盖茨创造的，他狡猾而无情地征服了几乎所有计算机领域的软件平台。

但是，大自然似乎憎恶垄断者。垄断者不仅倾向于腐败地使用自己的权力，而且会吸引嫉妒的企业家，他们会利用一切可能的手段，包括经济和政治手段，打破封锁，将财富分散到自己和他人身上。此外，在一个高脉动速度的行业中，双螺旋的力量会以极快的速度发挥作用，即使是最强大的行业巨头，其优势也是暂时的。

正如我们在第 4 章中所观察到的，计算机行业在以康柏、英特尔和微软为模板进行模块化后，在上游胜利者英特尔和微软施加的压力下，再次转向一体化结构，而且大部分利润和行业

第 12 章 回到果蝇：进化的压力

标准的控制权落入 Wintel 的合作伙伴手中。

但是，果蝇中的求生者不会停滞不前：它们寻求发展，而不是消亡。康柏在战胜 IBM 并登上 PC 销量榜首之后，还没来得及庆祝，就遭到了 Wintel 上游和戴尔的围追堵截。让我们来详细看看这场追逐战。

詹姆斯·摩尔（James Moore）在其有关商业生态系统的书中记述了 1994—1995 年康柏与英特尔之间激烈但短暂的战斗①，当时康柏正从英特尔的 i486 处理器过渡到新的更强大的奔腾处理器。为了争夺更多的产业链控制权，康柏希望让计算机买家相信，微处理器的名称并不是其价值的主要指标。康柏正在尝试与其他处理器供应商合作，试图为客户提供更低的价格，并缓解英特尔对康柏供应链的控制。

当然，英特尔另有打算。英特尔咄咄逼人的"Intel Inside"市场营销活动旨在让购买计算机的公众相信，除了微处理器之外，计算机别无其他。② 这场战斗激烈而短暂。康柏的领导层被迫承诺效忠英特尔，他们咬紧牙关，通过推广和采用先进的英特尔处理器，加快了公司的发展。垂直竞争一度陷入沉寂。

康柏只是在等待另一个出击的机会。这个机会出现在 1997 年秋天，当时康柏推出了一个新的行业细分市场，即"1 000 美

---

① James F. Moore, *The Death of Competition*, New York：HarperBusiness, 1996, p.226.

② Andrew S. Grove, *Only the Paranoid Survive*, New York：Currency Doubleday, 1996, p.18.

元以下的个人计算机",该细分市场围绕英特尔的竞争对手赛瑞克斯（Cyrix）和 AMD 生产的低价微处理器展开。个人计算机行业的销售增长已经放缓,康柏的直觉认为:如果能在个人计算机过于昂贵的细分市场上有所作为,就能重振增长势头。

康柏的新战略获得了巨大的回报。1997 年春,英特尔预测,在可预见的未来,个人计算机的主要价位将是 2 000 美元。① 然而,在一年之内,英特尔的经理们就彻底改变了他们的战略,推出了新的低成本微处理器产品系列,供应 1 000 美元以下的个人计算机市场。这一市场已成为该行业增长最快的细分市场。在一些分析师得出英特尔的利润率将一去不复返的结论后,英特尔此前无视地心引力的股价在一个上涨的市场中下跌了 20%。

对于英特尔命运改变的一种看法是,其主要产品的脉动速度放慢了,而该公司仍在追求快节奏。在个人计算机发展的初期,越来越复杂的软件应用（通常是微软的应用）促使客户需求更强大的微处理器。然而,在 20 世纪 90 年代中期,为了应对似乎无处不在的 Windows 95 的更高要求,整个行业进行了升级,但在随后的几年里,并没有出现新的高功率"杀手级应用"。与此同时,英特尔已经完善了频繁推出功能越来越强大的芯片并快速进行升级的节奏,但当市场对这种强大的性能不再

---

① 1997 年 3 月,在旧金山举行的"英特尔供应商日"活动上,英特尔执行副总裁格里·帕克向英特尔的所有供应商发表讲话,提到了英特尔的一致预测,即在可预见的未来,个人计算机的主要价位将继续保持在 2 000 美元。

第 12 章 回到果蝇：进化的压力

像以前那样如饥似渴时，致使英特尔措手不及。事实上，许多消费者选择购买省钱的、不安装英特尔的计算机。

消费者仍希望他们的个人计算机性能更高，但互联网革命已经使性能瓶颈从机箱转移到了网络。对消费者来说，升级调制解调器比拥有最快的微处理器更重要。

随着商业计算环境也将重点转向网络，个人计算机本身开始失去其作为销售驱动引擎的地位。随着网络复杂性和连接性的增加，消费者开始寻求能够整合硬件和软件的供应商。因此，服务质量和服务便利性日益成为推动销售的关键因素。

在这样的环境下，康柏于 1997 年收购 Tandem、1998 年收购 DEC 就显得合情合理了。[1] 如果网络的复杂性使其成为一个更加完整的系统，那么整合组织机构就是一个合乎逻辑的对策。DEC 的服务机构由 25 000 名高技能（非常稀缺）的专业人员组成，可以在 UNIX 和 Windows NT 平台上满足个人计算机、工作站和服务器市场的消费者需求。这种开放式体系的能力补充了康柏在个人计算机、服务器和个人计算机工作站方面的制造能力与业务。

与戴尔相比，康柏的收购有可能增加其优势，因为康柏既可以提供独立的个人计算机，又可以提供持续服务的"交钥匙"

---

[1] Celia Dieterich, Michelle Eggert, Greg Gunn, Brent Johnson, Nick Purzer, and Chris Schechter, "The Future of Compaq: Analysis Using the Double Helix and 3-D Concurrent Engineering Models," unpublished paper for Course 15.769, Massachusetts Institute of Technology, Cambridge, Mass., 1998.

网络。当系统架构是一体化的，而客户又从不同的供应商处购买组件时，分派处理各种问题的责任就会非常困难。在这种情况下，消费者通常倾向于选择全系统供应商。

凭借规模优势和值得信赖的品牌名称，康柏可以继续向消费者提供不安装英特尔的计算机，从而保持对微处理器价格的压力。由于康柏可以提供在 Windows NT 或 UNIX 上运行的网络，它甚至可以在微软面前获得一些潜在的筹码。

要了解康柏获得的优势，请看 1998 年 6 月英特尔、康柏和微软发布的一系列公告。① 英特尔告诉消费者和分析师，其大力推广的 64 位微处理器（绰号"Merced"）将推迟 6 个月推出。作为回应，康柏宣布将使用其新收购的 DEC "Alpha"芯片为客户提供 64 位处理器，从而有可能领先英特尔的芯片和英特尔的客户（康柏的竞争对手），这些客户原计划等待 Merced 的到来。作为回应，微软似乎倾尽全力支持英特尔阵营——这对微软最大的客户之一康柏不利——并宣布将推迟发布 64 位版本的 Windows NT（一种用于运行大容量网络服务器的操作系统），直到 Merced 版本也准备就绪。因此，微软拒绝了让康柏/DEC 在微软的长期合作伙伴英特尔面前获得优势的机会。

但是，微软的这一举动鼓励了康柏/DEC（微软的长期亲密

---

① Hiawatha Bray and Joann Muller, "Intel's Struggles Boost Alpha Chip: Delay of Merced Gives Digital Chance to Gain Market Share," *Boston Globe*, June 3, 1998, pp.C1, C6.

盟友）销售更多的 Alpha-with-UNIX 64 位系统，这可能会削弱微软用 64 位 Windows NT 系统从企业服务器市场上赶走 UNIX 的努力。因此，康柏对 DEC 的收购使其有机会大力打击 Wintel（及其忠实客户戴尔），因为 Wintel 在 20 世纪 90 年代攫取了行业利润和市场价值中的绝大部分。

在这只"果蝇"身上，我们看到了一家坚信行业正在重新形成双螺旋结构、不甘落后的公司。当然，康柏也可能猜错了。也许个人计算机、服务器和网络技术仍将保持足够的模块化，个人计算机销售商（如戴尔）和服务销售商（如 EDS）将继续蓬勃发展，并获得成功实现模块化所带来的灵活性优势。双螺旋可以帮助我们了解行业动态，但无法准确预测。

基于脉动速度的战略方法论综述

在本章和本书第三部分的最后，我将对前几章中的方法论进行总结。首先，重申本书的观点，供应链设计是组织的元核心能力，它是选择所有其他能力的能力。该论断源于下述观察，即所有优势都是暂时的，产业能力链中的高杠杆控制点会随着时间的推移而变化，其变化的频率取决于潜在的脉动速度。

因此，唯一持久的能力就是不断评估产业和技术动态的能力，以及构建利用当前机遇和预测未来机遇的能力链。在各种能力中，这种选择所有其他能力的能力是不能外包的！

在评估能力链设计选择和行业动态时，借助外部的帮助当然是合理的，但我认为，做出的这些最终决定对企业的生存能力至关重要。因此，将自己的思考外包出去，就等于放弃了自己对行政决策的核心责任。简言之，思考是一种核心能力，不能外包。脉动速度越快，就越需要思考和再思考。

这种思考包括自己对能力链和能力链中脉动速度的战略分析、自己的行业分析（在双螺旋的辅助下）、自己的市场和技术预测以及自己的能力链设计和开发（在三维并行工程的辅助下）。这个过程有四个关键步骤，如表12-1所示。

表 12-1 基于脉动速度战略的方法总结

	行动	在哪一章讨论过	例子
第一步	基准 高脉动速度的果蝇产业	1，2，3，4，5，11，12	英特尔 微软 康柏 戴尔 资讯娱乐
第二步	了解、绘制和评估你的供应链 三张供应链图： ● 组织 ● 技术 ● 能力	5，6，7	克莱斯勒 戴尔 默克 联信

第 12 章 回到果蝇：进化的压力

续表

	行动	在哪一章讨论过	例子
第三步	应用脉动速度分析（动态链分析） ● 双螺旋 ● 链条脉动速度分析 ● 依赖环	4，7，9，11，12	国防航天 资讯娱乐 宝丽来/索尼 波音 惠普
第四步	利用和执行三维并行工程及能力发展动态 ● 三维架构 ● 自制/外包 ● 产品开发和并行工程工具	8，9，10，11，12	惠普 Teledesic 康柏/DEC

以生物学家为例，方法论的第一步以果蝇为基准，在第 1、2、3、4、5、11 和 12 章的各种环境中进行了说明。观察高脉动速度行业的动态，能让你更快地发现进化模式，并更容易地将其用于适合它们的特殊情况。此外，脉动速度的加快几乎无处不在，而果蝇让我们一窥各行业的未来生活。

在第二步（本书第二部分的重点）中，你要努力理解行业内的复杂性和动态力量，并绘制组织供应链图谱——从下游到最终客户，从上游到知识创造和矿产开采。正如第 7 章所述，这些图谱至少应考虑供应链的三个视角：组织视角、技术视角和能力视角。从这三个视角来绘制供应链图谱是极具挑战性的，但管理者往往会发现其中的重要环节，就像克莱斯勒的管理者在访问与其主要业务相隔几层的铸造黏土供应商时发现的那样。此外，有关供应链动态的两条法则（第6章）将帮助你确定在需求模式和脉动速度方面可以预期的动态力量的大小及频率。

第三步将脉动速度的概念应用到第二步的链图中。了解环境中的脉动速度至关重要。双螺旋（第4章）解读了行业结构变化的速度和方向——从垂直/一体化到水平/模块化，再到垂直/一体化——这是在决定如何对能力链进行最佳投资时不可或缺的指南。第9章的依赖循环模型可以帮助你评估采购决策对未来企业相互依存关系可能产生的影响。这些模型有助于预测自制和外包决策可能带来的陷阱与机会。最后，第7章末尾以国防飞机和资讯娱乐业为例，对产业链图进行了脉动速度分析，并提供了一种工具，支持对整个产业链上的能力所有权或外包进行战略评估。

在第四步，通过使用三维并行工程，你开始执行能力开发流程。通过对产品、流程和供应链架构的分析，你可以对必要时外包某些组件的战略进行深入分析。利用第9章的自制/外包决策分析矩阵，你可以调整产品、流程和行业三个维度的架构。然后，你就可以在现有并行工程工具的框架内实施各种决策（第10章），但前提是战略思维的权威性被整合到并行工程的流程中。

本书旨在为战略性业务分析提供一个新视角——行业脉动速度的视角。尽管我确信，本书中出现的许多关于高脉动速度

第12章 回到果蝇：进化的压力

企业和行业的具体案例研究，在本书泛黄之前就已过时，但我希望，本书的一般原则至少能比几代果蝇的寿命更长。毫无疑问，管理思想（如同所有其他领域的思想一样）将继续进化，部分原因在于其主体所体现的进化速度，无论这些主体是微小的昆虫还是庞大的公司。

这些进化过程可能会影响公共部门的组织，也可能会影响本书所涉及的私营部门的组织。在接下来的后记中，我将以政府、教育和宗教机构为样本，探讨脉动速度的概念对公共部门的一些影响。

后　记

"果蝇"遍布地球时：
社会制度和公共机构的脉动速度

社会制度和公共机构也有脉动速度。

本章思考的议题是：如何将脉动速度这一概念运用到非商业部门——这是与前面各章所探讨的激烈竞争企业完全不同的情境。首先，我探讨了国家经济体系，将20世纪80年代助力日本实现经济腾飞的经连会与20世纪90年代美国的"硅谷模式"进行了比较。其次，我转而关注传统意义上脉动速度缓慢的大学体系，通过观察其教育和研究工作，发现其脉动速度正在加快。最后，我发现道德和宗教系统的脉动速度相对稳定，这或许正是人类在感受到时间快速流逝的压力下，赖以保持平衡的内在安定力量。

后　记　"果蝇"遍布地球时：社会制度和公共机构的脉动速度

区域经济的遗传学

在纯粹的市场经济中，类似生物的生态系统无法逃避进化过程所带来的压力和恐惧。物竞天择，适者生存，唯有追求卓越的企业才会赢得客户和市场青睐，而缺乏竞争力的企业将会被淘汰。在资本主义社会中，社会制度的设计在一定程度上是为了促进竞争，推动进化过程中积极的一面，并缓和另一方面的严厉影响。民主国家的政策制定致力于在困境中找寻出路，力求在相对稳定和公平的基础上，实现经济的增长和繁荣。

因此，各国参与产业政策制定的部分原因是，它们不希望区域的发展完全任由市场竞争主导。目前，两种策略较为普遍：一是试图控制或削弱竞争的动态力量；二是试图利用或引导这种力量。第一种策略注定会失败，尽管强大的权力或许能暂时减缓脉动速度，但市场力量最终还是会发挥作用，而且可能导致更大的波动和不确定性。从理论上看，第二种策略似乎可行，实际上却困难重重——决策者需要掌握能力链分析和设计的相关技能（正如本书所讨论的那样），并且还要知道何时适可而止，以免过度干预。

各国必须重视与其民众福祉相关的能力链，它们必须了解与技术和竞争相关的动态理论（如双螺旋结构），也需要与商业组织一样准确预知未来。国家政策归根结底是通过补贴、管制或税收，对各类事项做出投资选择：在教育方面，应当着重教授数学、科学还是安全科普？在基础设施建设方面，是修建沥青公路还是铺设光纤？在社会福利方面，是投资改善医疗保健还是投资改善监狱条件？与企业一样，国家必须预见机遇之窗并相应地进行投资。好运往往眷顾有准备和先见之明的人。

在资本主义经济中，政府试图引导而非削弱竞争的力量，但方式不尽相同。20 世纪 80 年代，我们目睹了日本制造企业在各行业中的全球崛起。美国和欧洲的企业领袖对此困惑不解，他们绞尽脑汁地思考，如何才能与低成本运作的经连会相抗衡？[1]

在这股产业风潮接近巅峰时，戴维·弗里德曼（David Friedman）和理查德·塞缪尔斯（Richard Samuels）撰写了一篇文章，可以窥见当时日本人的思考方式，以及它与美国思维的差异之处[2]：

> 我们认为，日本对产业的重视程度与美国不同……（日本坚信）产业的重要性超越了其所生产的产品本身。秉持着这一信念，日本人致力于采购或开发国内经济可能缺

---

[1] Michael Dertouzos, Richard Lester, and Robert Solow, *Made in America: Regaining the Productive Edge*, Cambridge, Mass.: MIT Press, 1989.

[2] David Friedman and Richard Samuels, "How to Succeed Without Really Flying: The Japanese Aircraft Industry and Japan's Technology Ideology," in *Regionalism and Rivalry: Japan and the U.S. in Pacific Asia*, ed. M. Kahler and J. Frankel, Chicago: University of Chicago Press, 1993.

后　记　"果蝇"遍布地球时：社会制度和公共机构的脉动速度

乏的技能和知识，以便非生产效益——尤其是学习和技术传播——能在国内实现。日本的产业政策旨在维护国家的知识和技术基础，而不是生产国内企业可以贴牌的某种特定产品。相比之下，美国并不以这种方式重视产业……导致大量产能损失，甚至国内技能在美国经济发展中发挥的作用正被逐渐替代，这是日本绝不会容忍的。……正如我们在航空业中所见，日本愿意付出高价获取技术知识，而美国更倾向于把这项技术外包出去。这是因为，日本认为知识带来的产业附加值与制造具体产品的能力一样重要，甚至更重要。

由此可见，日本虽是一个国家，但其思维和行为模式与本书中倡导的商业组织方式十分契合。也就是说，日本的企业和政府从战略管理的角度，认真考虑了产业演化规律和能力链，并以此指导技术投资。

这一战略在 20 世纪 80 年代看似极为成功，但随后在 90 年代却遭遇了几乎同样惊人的失败，导致日本经济在经历了近 40 年的持续强劲增长后，陷入了近 10 年的停滞。究竟发生了什么变化？我不想对此多做陈述，因为已经有许多人对此进行了分析和讨论，但我确信：从脉动速度视角切入，有助于我们对此事有更加本质的认识。

日本的政策制定者所瞄准的某些战后产业——钢铁、汽车和电子产品等，均在以"垂直/一体化"为主导的结构下蓬勃发展。日本的企业大多是围绕经连会来塑造组织关系的，正如弗里德曼和塞缪尔斯所观察的那样，日本企业通过运用相关策略，使日本经济的发展速度远超观察家们的预期。日本也是在第二次世界大战后极少数能够跻身全球富裕国家行列的国家。

在全球企业纷纷转向水平/模块化结构的时期，日本经济中的其他领域——金融、零售和分销，均保持了垂直/一体化的结构，并在日本政府的保护下免受国际竞争的影响。因此，日本的政策制定者只掌握了一半的重要经验：他们以垂直/一体化结构为根基，却不曾领会水平/模块化结构的重要性及其培育途径。

到了20世纪90年代，经济全球化和脉动速度的加快，给日本经济造成了严重冲击。日本的某些先进行业（如电子信息业）开始沿着双螺旋的结构路径向水平/模块化方向发展。与此同时，国际政治力量也在迫使日本加速开放，导致若干竞争力较弱的日本行业根本来不及应对西方水平/模块化结构的冲击。日本经济最终陷入了停滞，而且其对于如何适应这一变化感到困惑不解。

当然，脉动速度加快和双螺旋结构的存在，意味着垂直结构也将继续发挥重要作用。但我不相信有任何要素——无论是人力、物力还是组织，可以在双螺旋结构走到水平/模块化时期置身事外，然后指望双螺旋结构再次走到垂直/一体化时期

后　记　"果蝇"遍布地球时：社会制度和公共机构的脉动速度

能够跟上节奏。恰恰相反，水平/模块化时期为我们提供了打破过时组织结构的契机，从而使下一轮的垂直/一体化结构呈现出大不相同的模式。例如，20世纪90年代由英特尔和微软领导的"Wintel"垂直/一体化结构，就与20世纪70年代IBM的结构模式截然不同。同样地，20世纪90年代资讯娱乐业的垂直结构（如迪士尼、时代华纳和新闻集团）也与20世纪50年代—60年代的美国无线电公司/美国全国广播公司的结构大相径庭。

为了更清晰地解释这一点，我们用与经连会截然相反的美国硅谷模式进行对比。在美国加利福尼亚州的硅谷，高科技的"商业果蝇"遍地，并且大多采用了水平/模块化结构。生物学家所研究的真正果蝇虽然寿命短暂，但这并不代表它们在生物进化竞争中是失败的。相反，高脉动速度为这个物种提供了迅速适应变化的机会。因此，要评估一个物种的成功与否，我们不能仅以单个成员的寿命为依据，而是应该关注该物种能否将其遗传物质高效传递给下一代，以及其适应新环境和调整遗传物质的能力。

在硅谷，许多公司的寿命并不长。然而，这些公司宝贵的"遗传物质"（即金融资本和人力资本）却以极高的效率在"商业果蝇"之间循环利用。硅谷拥有非常高效的资本市场。事实上，"创业投资"（venture capital）一词就是阿瑟·罗克（Arthur Rock）在硅谷提出的。罗克在30年里为英特尔和硅谷其他初创公司提

· 265 ·

供了资金支持。[1] 创业投资家们不断地把赚得的利润投资到下一个新项目，从而使"遗传物质"——资金，在一代代的硅谷"果蝇"中传承。硅谷的劳动力市场同样令人瞩目，项目经理和工程师们过着游牧般的生活，他们可能从仙童半导体公司跳到英特尔，再到赛瑞克斯，或者从惠普跳到苹果公司，再到美国太阳微系统公司，他们毫无顾忌地频繁跳槽。由此，"遗传物质"——人才和知识，同样得以高效循环利用。

在高脉动速度的世界里，人才和资金可以说是快速演化的核心资源。尽管英特尔身处硅谷这么一个水平/模块化的环境中，但20世纪90年代却发展成了半导体行业的垂直/一体化巨头，集设计、产品研发、流程开发、制造和封装于一身。不过，英特尔的员工和创业投资者并不受限于这种垂直/一体化的模式。当有合适的机会时，他们可以立刻转向其他商业项目。

硅谷似乎成了"果蝇"的模范殖民地，至少是20世纪90年代的最佳典范。这一模式具备高脉动速度行业发展的两大关键特征：第一，能够快速高效地回收并利用"遗传物质"（即金融资本和人力资本）；第二，能够根据需要把"遗传物质"转变为垂直或水平的模式。不过，先不要急着过分赞誉硅谷模式，要知道，所有竞争优势都是暂时的，脉动速度越高，竞争优势就越短暂。

---

[1] Tim Jackson, *Inside Intel*, New York: Dutton, 1997, p.22.

后　记　"果蝇"遍布地球时：社会制度和公共机构的脉动速度

综上所述，我们可以得出结论：从日本到加州，区域产业结构与前文展示的单个企业相同，均存在垂直/一体化和水平/模块化的双螺旋进化规律。因此，政策制定者也可以从"商业果蝇"身上汲取相关的经验教训。

例如，美国国防航空工业在20世纪90年代初遭受了双重冲击：一是苏联解体带来的"和平红利"；二是华盛顿决心大幅削减里根和布什政府时期的预算赤字。在双重冲击下，美国空军连同一批顶级供应商在麻省理工学院共同发起了"精益航空计划"（Lean Aerospace Initiative）。[1] 这一计划后来发展壮大，汇聚了众多政府、行业和学术界的领袖共同研究与实验，以寻求对国防工业部门及其供应链进行重新设计。有趣的是，该计划是以美国汽车行业作为可观察的"果蝇"而开始的。通过对汽车行业重组过程的深入研究，1990年麻省理工学院出版了汽车行业实践和工业动态的研究报告——《改变世界的机器》（*The Machine That Changed the World*）。[2]

大学的发展节奏

另一个可能从脉动速度分析中受益的公共领域是教育，尤

---

[1] Stanley Weiss, Earll Murman, and Daniel Roos, "The Air Force and Industry Think Lean," *Aerospace America*, May 1996.

[2] James Womack, Daniel Jones, and Daniel Roos, *The Machine That Changed the World*.

其是大学。大学的发展速度缓慢，它们属于历史上脉动速度较慢的行业。在1900年的《财富》500强公司中，有9成的公司现已不复存在（通用电气是明显的例外）。相比之下，常春藤盟校的卓越地位在100多年中几乎未被撼动。这或许是由于终身教职制，又或者是因为相对稳定的教学方式——一位19世纪的教授会对当今绝大多数大学教室里的粉笔和黑板感到得心应手。[1]然而，一位19世纪的工厂经理若置身于英特尔、戴尔或波音的现代工厂中，肯定会无所适从。

在20世纪90年代，计算机和通信技术可能会成为推动大学脉动速度加快的催化剂，使它们一举跨越19世纪，迈向新时代。大学校园内的脉动速度加快可能会引发一系列问题。以我所任职的机构——麻省理工学院为例。既然我们现在能够将麻省理工学院的世界级教授在黑板前的授课视频传播到地球上几乎任何角落，那么我们的学生是否还有必要到学校上课？同样地，老师们是不是也无须来校园了？一旦教授们在全球舞台上声名鹊起，他们是否还需要与麻省理工学院保持隶属关系？除了为日益逐利的教师们提供卓越认证外，麻省理工学院还能提供什么？科技的进步使得讲座的存储、检索和播放日益廉价且便捷，教授们是否还需要重复讲授同一门课程？如此一来，是否会为教授们腾出更多时间从事研究工作？会不会因为科研效率的提

---

[1] 非常感激麻省理工学院的同事莱斯特·瑟罗（Lester Thurow）向我指出了这一点。

后　记　"果蝇"遍布地球时：社会制度和公共机构的脉动速度

高而引发价格竞争或者裁员？

管理学教育可能是最早感知到信息技术对大学教育产生了冲击的领域。学生对管理学科的选择是基于投资回报率，而几乎不考虑地理位置或校友忠诚度。因此，与人文或自然科学等其他学科相比，管理学教育会更早面临类似世界500强衰退的命运。（毫无疑问，人文与自然科学教育也会感到压力渐增，但可能不如管理学教育那么迅速。管理学教育可能是大学教育中脉动速度最快的领域了。）

假设商学院的脉动速度因信息技术的发展而加快，那么应如何寻找应对之策呢？一个答案是，寻找其他类似的高脉动速度行业，并以其为师。

以电子行业为例，第二次世界大战前的美国主要收音机生产商在战后成为黑白电视机领域的巨头，进而它们把低利润率的收音机业务拱手让给了受创惨重但力图重建的日本企业。当彩色电视机问世时，它们又把黑白电视机的生产再次交由日本。当彩色电视机的技术成熟时，日本企业已经具备承接手动组装工作的实力。当电视行业进入固态时代时，日本企业又承接了更高技术的自动化电路板组装业务。日本企业凭借先前积累的技术能力已经跃居主导地位了。1970年，日本企业取代了当年一手研发并推出彩色电视机的美国无线电公司。因此，当下一代热门技术进入市场时，谁还会感到惊讶呢？美国安培克斯公司（Ampex）在摄像机领域输给了索尼公司（Sony），美国无线电公司在其视频光盘系统上栽了跟头,从而让日本胜利公司(JVC)得以设定录像机的标准。消费性电子产品的竞争把戏已不新鲜,直到近20年后,个人计算机的爆发式增长才扭转了局面。

管理学教育能否从其所做的行业案例研究中汲取教训呢?商学院20多年来一直依赖批量生产的MBA项目这一"现金牛"。或许,它们就像是那个时代的黑白电视机。如果是这样,那么高管教育可能就是未来的彩色电视机。它拥有更高的利润率和更广阔的潜在市场。如果情况确实如此,那么商学院或许就没什么可担心的了。它们只需将批量生产的MBA课程重新打包成更小的高管教育模块,然后以更高的利润率卖给广大的高管群体。

不过,万一情况变得更复杂呢?在商业世界中普遍运用的大批量生产和规模营销模式,是否适用于大学校园中的这类客户?如果线上教学成为常态,学生不必为了获得MBA学位而停薪两年,情况又会如何呢?教师团队如何保证课程质量?更不用说营销、产品开发、生产、交付和供应链管理了。如果高管教育并不只是重新包装,而是触及知识发展的核心,并成为未来教育转型的基础,那又该如何?主流商学院是否会完全错过这一次转型,就像错过照相机和录像机的转型一样?

如果学生不再是以个人形式出现,而是以企业为单位,并要求提供符合其自身需求的定制化课程,又该怎么办?学校是

后　记　"果蝇"遍布地球时：社会制度和公共机构的脉动速度

否有足够的资源和能力来应对学生的个性化需求？另外，有多少人会希望以"丰田式"的长期合作伙伴关系来采购教育服务？又有多少人喜欢"通用汽车式"的模式，即通过短期合同选择低成本、高质量的供应商？

我并不想假装自己已经知道这些问题的答案。不过，我相信：本书提出的一些思维架构应该是有用的，可以帮助公共机构应对信息技术所带来的脉动速度加快的挑战。

高脉动速度世界中的法律和道德

如前所述，生活中的非商业领域（如政府和教育）的脉动速度比商业领域要慢得多。它们往往受到诸如终身教职制[①]等规则的约束，这些规则是在脉动速度缓慢的时代制定的。在当前脉动速度加快的时代，这类制度的影响可谓愈发呈现两面性。

以美国宪法为例，这份历史悠久的文件规定，总统大选应每四年举行一次，候选人必须年满35岁，以及少数派（即41名参议员）可以在参议院会议上进行无限期的阻挠辩论（即"拖

[①] 终身教职制降低了教职工的流动，可能会减缓大学的组织更新速度。然而，我在麻省理工学院观察到的终身教职现象是，它孕育了数百名创业者，并促成了一个非常扁平的组织结构。在这种结构下，每位创业者都能追随自己的愿景，几乎不受层级官僚制度的干涉。总体而言，这使得大学充满了活力，尽管偶尔会有一些难以剔除的"冗员"。

延战术")。在开国元勋们制定这些规则的时候，美国公民的平均寿命低于50岁，并且一条信息跨越大西洋几乎需要一周的时间。

如今，美国总统可以在几分钟内将信息传递给全球数十亿人，数百万选民就任何议题进行民意调查的时间，甚至比美国参议院进行点名投票所需的时间还要短，而35岁的人已不再被视为资深政治家。然而，地球绕太阳转一圈仍需365天，人类胎儿仍需10个月的妊娠期，而每周休息两天似乎是很合适的间隔。鉴于日常生活中不同方面的相对脉动速度已发生变化，我们不禁会问：宪法中某些涉及时间的规定是否仍然合适？

随着商业世界的脉动速度不断加快，我们可能会疑惑：公共领域的低脉动速度究竟是祸是福？以美国对公司平均燃油经济性（corporate average fuel economy，CAFE）的规定为例，该规定最初是分别针对轿车和卡车制定的，而当时卡车主要作为商用车辆使用。然而，到了20世纪90年代末，在美国的新车购买量中几乎有一半是分类为卡车的车辆，其中绝大多数车辆的平均燃油经济性远低于它们所替代的轿车。从本质上说，汽车行业的市场脉动速度已经远超对其进行监管的流程。[①]

或者，让我们考虑一下互联网和其他电子媒体上针对色情或暴力内容的监管问题。即便是最坚定的言论自由倡导者，也

---

① 非常感激麻省理工学院的同事丹·鲁斯（Dan Roos）向我指出了这一点。

后　记　"果蝇"遍布地球时：社会制度和公共机构的脉动速度

不会纵容恋童癖者对儿童的诱骗和陷害。然而，技术的发展已经超越了社会监管这类活动的能力，同时互联网也带来了社会和经济上的巨大利益。

同样，当金融业每天几乎无间隙地开展数万亿美元的金融交易时，政府对经济的控制能力愈发有限。政府可能会根据民众的利益去制定金融政策，但是，如果交易员不认同该政策，那么这些政策可能在数小时甚至数分钟内就被颠覆。金融市场交易决策的脉动速度远超政策制定者，这使得那些匿名的交易者在许多政策问题上占据了优势。

不过，某些反应缓慢的社会机构可能恰好是对高脉动速度商业世界的一种完美补充。例如，世界各地的宗教机构。总部设在梵蒂冈的天主教已有近2000年的历史，希伯来的圣经和口传法典的历史甚至更为悠久，这些数世纪前的先知和领袖的著作至今仍影响着数百万人的情感及行为。

这些观察到的情形让我们不禁要问：尽管（也许正因为如此）我们的技术和商业生活节奏不断加快，但人类灵魂是否需要一些具有互补性的稳定来源？如果在商业世界中找不到稳定性，那么脉动速度缓慢的社会机构可能会承担起更为重要的角色，以减轻以光速进行商业活动而带来的眩晕感。

此外，面对技术的快速变革，我们的道德标准可能特别需要这种稳定性。从古代遗留下来的道德规范变得更加重要：当父母越来越无力保护自己的孩子免受大众媒体中"娱乐"侵害的时候，当企业高管或公职人员被迫为生存而放弃道德或法律原则的时候。

但是，在脉动速度快得令人眩晕的世界中，社会中的真理到底起何作用，需要留待另一本书来探讨了。

附 录

如何测量脉动速度？

尽管在概念层面上具有直观的吸引力和战略价值，但对脉动速度的测量在各个层面都充满了复杂性，从技术到公司，最终到整个行业。下面用现代企业组织中看似最简单的成本测量来做个类比。

事实证明，衡量成本并非如此简单。举例来说，在一家制造公司，"我们生产这个产品需要多少成本？"老练的成本会计在给出一个数字之前，会诙谐地回答："你为什么想知道？"这是为什么呢？

其原因在于，答案会因根据这个数字做出的决定而异。如果这个数据是税务机关用来计算税收的，会计可能会提供一个数字。如果是用来决定产品定价的，会计可能会提供另一个数字。如果要决定是生产还是购买该产品，或是否投资新设备来生产产品，或如何补偿生产产品的工厂经理，则会计可能需要提供其他数字。

基本原则是相关成本原则。我们必须首先询问成本的哪些组成部分与手头的决策相关，然后计算该决策的相关成本。如果不知道使用该成本数据的决策者的背景，成本数据就毫无意义。事实上，一位著名的会计思想家、哈佛大学的罗伯特·卡普兰（Robert Kaplan）教授甚至建议，企业应该有多个成本会计系统来处理这种复杂性。①

测量脉动速度也同样复杂。此外，目前我们还没有数十年的脉动速度测量实践经验可供借鉴，因而脉动速度测量还处于起步阶段。考虑到汽车等行业，我们可以用特定车型的变化频率（例如，本田每四年推出一款新的雅阁轿车）、主要设计的变化频率（内燃机、无框架车身或前轮驱动）、选装包的变化频率（在一个车型设计中的多次变化）来衡量产品的脉动速度。同样，在流程技术方面，我们可以通过引入主要流程/组织范式（大规模生产、精益生产）的速度、工厂和设备的年龄或在工厂的某个区域引入某种新流程技术来衡量。至于组织脉动速度，我们可以评估首席执行官交接、组织重组、所有权变更等事件的间隔时间。

---

① Robert Kaplan,"One Cost System Isn't Enough," *Harvard Business Review*, January-February 1988：61-66.

在考虑了这些注意事项后,我开始尝试从产品、流程和组织三个维度对脉动速度进行量化衡量。作为这项工作的开端,我对管理和技术人员进行了调查,询问他们对自己所熟悉行业的适当衡量标准和排名的评价。① 请注意,这并不代表系统性的研究,但我希望它可以促进此类研究。② 这一过程的结果见表 A.I。

表 A.I 衡量脉动速度——样本行业

行业	产品脉动速度	流程脉动速度	组织脉动速度
高脉动速度行业			
个人计算机	<6 个月	2~4 年	2~4 年
计算机辅助软件工程	6 个月	2~4 年	2~4 年
玩具和游戏	<1 年	5~15 年	5~15 年
运动鞋	<1 年	5~15 年	5~15 年
半导体	1~2 年	2~3 年	3~10 年
化妆品	2~3 年	5~10 年	10~20 年
中脉动速度行业			
自行车	4~6 年	10~15 年	20~25 年
汽车	4~6 年	4~6 年	10~15 年
计算机操作系统	5~10 年	5~10 年	5~10 年
农业	3~8 年	5~10 年	8~10 年
快餐	3~8 年	25~50 年	5~25 年
啤酒酿造	4~6 年	400 年	2~3 年
航空	5~7 年	25 年(硬件) 2~3 年(软件)	<5 年
机床	6~10 年	6~10 年	10~15 年
制药	7~15 年	10~20 年	5~10 年

---

① 特别感谢麻省理工学院 1998 级制造业领导者班和我的课程 15.769(1998 年春季)的其他学生为这些数据贡献了他们的经验。

② Haim Mendelson and Ravindran R. Pillai, "Industry Clockspeed: Measurement and Operational Implications," in *Manufacturing and Service Operations Management* (forthcoming).

续表

行业	产品脉动速度	流程脉动速度	组织脉动速度
低脉动速度行业			
飞机（商用）	10~20 年	5~30 年	20~30 年
烟草	1~2 年	20~30 年	20~30 年
钢铁	20~40 年	10~20 年	50~100 年
飞机（军用）	20~30 年	5~30 年	2~3 年
造船	25~35 年	5~30 年	10~30 年
石油化工	10~20 年	20~40 年	20~40 年
造纸	10~20 年	20~40 年	20~40 年
电力	100 年	25~50 年	50~75 年
钻石开采	几个世纪	20~30 年	50~100 年

测量脉动速度还有两个复杂的问题必须解决：第一，除了测量一个行业的平均脉动速度之外，还必须考虑其差异。在电子行业中，半导体和电路板行业的脉动速度都相当快，但微处理器的发展遵循了摩尔定律所预测的低变异路径，而电路板在表面贴装技术出现之前发展缓慢，但表面贴装技术的出现则代表了技术的突飞猛进。[1] 第二，并非所有行业（或任何行业）的行业脉动速度都是固定不变的。特别地，生命周期效应可能存在。我们可以设想这样一种行业模式，即早期的技术发现突飞猛进，但随着行业的成熟而放缓。由于行业成熟导致产品脉动

---

[1] Timothy J. Sturgeon, "Turnkey Production Networks for Electronics Manufacturing: Industry Organization, Economic Development, and the Rise of the Global Supplier," unpublished dissertation, Department of Geography, Berkeley, Calif., University of California, 1998.

速度放缓,而此时流程技术可能成为技术快速发展的最有效领域。① 或者,一个发展缓慢的行业可能会受到创新或竞争加剧的冲击,从而使脉动速度加快。如第 2 章所述,在 20 世纪 70 年代—80 年代,随着日本竞争者进入北美市场,汽车行业的脉动速度发生了变化,从而生动地说明了这一现象。

---

① James Utterback and William Abernathy, "A Dynamic Model of Product and Process Innovation," *Omega* 13, no.6, 1975: 639-656.

致　谢

"如果我看得更远，那是因为我站在巨人的肩膀上。"

——艾萨克·牛顿爵士

我不知道能否像牛顿那样看得那么远，但我确实知道，站在巨人的肩膀上让我受益匪浅。我深深地感激多年来教导我、助力我奋斗的众多巨人。

在学术方面，我要感谢我在杜克大学的老师们——肯·贝克（Ken Baker），还有戴维·彼得森（David Peterson），在我攻读本科的大部分时间里，他们始终是我的导师和榜样。在斯坦福大学读研究生时，我发现几乎每棵棕榈树下都藏着"巨人"。我非常感激斯坦福大学为我提供的高质量和丰富的教育资源。我从迈克·哈里森（Mike Harrison）、埃文·波蒂厄斯（Evan

Porteus)、查克·霍洛韦（Chuck Holloway）、乔尔·德姆斯基（Joel Demski）、史蒂夫·惠尔赖特（Steve Wheelwright）、鲍勃·威尔逊（Bob Wilson）那里学到了很多，我还要特别感谢我的论文导师戴维·克雷普斯（David Kreps）。谢谢你们！

在麻省理工学院，我发现了更多的"巨人"。我受益于这所学院在工业研究方面提供的专业知识和宝贵机会。我非常感谢斯隆管理学院诸多资深同事对我研究工作的支持，特别是加布里埃尔·比特兰（Gabriel Bitran）、史蒂夫·格雷夫斯（Steve Graves）、阿诺尔多·哈克斯（Arnoldo Hax）、汤姆·马格安蒂（Tom Magnanti）和莱斯特·瑟罗。我无法想象还有比你们创造的环境更具支持性的了。谢谢你们！

麻省理工学院的独特之处在于，其研究中心与世界各地的工业研究合作伙伴建立了长期深入的合作关系。诸多中心及其工业赞助商在为我的工作提供资金和研究场所的过程中发挥了重要作用。我特别要感谢理查德·莱斯特（Richard Lester）和工业绩效中心，综合供应链管理项目的吉姆·赖斯（Jim Rice）、约西·谢菲（Yossi Sheffi）和彼得·梅茨（Peter Metz），MIT日本项目的迪克·塞缪尔斯（Dick Samuels）和帕特·盖尔吉克（Pat Gercik），斯隆管理学院国际技术管理研究中心的埃德·罗伯茨（Ed Roberts）和约翰·豪泽（John Hauser），精益航空进取计划的柯克·博兹多安（Kirk Bozdogan）、厄尔·穆尔曼（Earll Murman）和韦斯·哈里斯（Wes Harris），以及产品开发创新中心的沃伦·西林（Warren Seering）。

还有两个研究中心尤为突出，堪称巨擘中的翘楚。1993年，丹·鲁斯邀请我担任国际汽车项目（International Motor Vehicle Program，IMVP）的联合主任。在《改变世界的机器》一书取得成功之后，我获得了前所未有的机会，得以访问世界各地的汽车产业场所并与专家交流。我从丹那里，以及这个独特项目和其慷慨的赞助商所提供的机会中学到了大量知识。

1988年，汤姆·马格安蒂和肯特·鲍恩（Kent Bowen）启动了我在MIT最重要的项目：制造业领袖（Leaders for Manufacturing，LFM）项目。我有幸一直教授LFM项目的课程，直到1998届，并参与了许多合作公司的研究项目，包括波音公司、克莱斯勒公司、数字设备公司（DEC）、伊士曼柯达公司、福特公司、通用汽车公司、惠普公司、英特尔公司、强生公司、摩托罗拉公司、宝丽来公司、联合技术公司和海湾网络公司。在项目早期，英特尔公司的吉恩·梅朗（Gene Meieran）、迈克·斯普林特（Mike Splinter）、戴维·马辛（David Marsing）、肯·汤普森（Ken Thompson）、唐·罗斯（Don Rose）和兰迪·博利希（Randy Bollig），以及克莱斯勒公司的丹尼斯·波利（Dennis Pawley）、唐·卢卡斯（Don Lucas）和杰米·博尼尼（Jamie Bonini）对本书的研究给予了特别大的支持。对此，我深表感激。LFM还为我打开了一扇通往MIT工程学院的大门。在那里，我从沃伦·西林、金·基默林、约翰·卡萨基安（John

Kassakian)、汤姆·伊加（Tom Eagar）和其他同事那里学到了很多。

除了工业赞助商的支持，我也从公共部门的慷慨资助中获益良多。斯隆基金会的赫什·科恩（Hirsh Cohen）和拉尔夫·戈莫里（Ralph Gomory）对我的工作给予了极大的支持。此外，美国国防部高级研究计划署（Advanced Research Project Agency，ARPA）的敏捷制造计划和赖特实验室的 Mantech 项目都给此项研究的开展提供了重要帮助。在此，我要特别感谢迈克·麦格拉思（Mike McGrath）、凯文·莱昂斯（Kevin Lyons）、凯伦·里克特（Karen Richter）、米基·希契科克（Mickey Hitchcock），尤其是乔治·奥泽尔（George Orzel）。

最后，我深深感激那些直接或间接与我合作进行此项研究的同事们。首先要特别提到的是丹·惠特尼。1993年丹回到麻省理工学院时，正值我加入国际汽车项目和敏捷制造计划。我们的研究和教学合作形成了本书中的许多思想；他的见解在每一章中都有所体现。此外，与莫里斯·科恩（Morris Cohen）、史蒂文·埃平格、卡尔·乌尔里克、拉里·魏因（Larry Wein）、罗布·弗罗因德（Rob Freund）、唐·罗森菲尔德（Don Rosenfeld）、约翰·斯特曼（John Sterman）、纳尔逊·雷佩宁（Nelson Repenning）、阿南特·巴拉克里什南（Anant Balakrishnan）、迈克尔·库苏马诺、鲍勃·吉本斯（Bob Gibbons）和洛德·利（Lode Li）的教学与研究合作（以及友谊）也让我受益匪浅。

毫无疑问，麻省理工学院最宝贵的"可再生资产"是它的学生群体，这让我有机会与世界各地最优秀、最聪明的人才进行交流和合作。许多人都为这本书中的思想作出了贡献。我要感谢我的学生加里·伯奇尔（Gary Burchill）、莫琳·洛霍（Maureen Lojo）、尼廷·乔格莱卡尔、埃德·安德森（Ed Anderson）、杰夫·帕克（Geoff Parker）、沙伦·诺瓦克、克里斯·库奇（Chris Couch）、贝齐·亚当斯（Betsy Adams）、查尔斯·皮耶祖莱夫斯基（Charles Pieczulewski）、保罗·古特瓦尔德（Paul Gutwald）、安杰拉·隆哥（Angela Longo）、塞思·泰勒（Seth Taylor）、兰斯·曼斯菲尔德，以及数十位LFM项目的学生，他们的现场调查工作让我深受启发。此外，1996—1998年LFM课程中的许多学生都耐心听取了这本书早期版本的讲座和课堂讨论，并慷慨且温和地提出了意见和批评。

许多同事和学生阅读了这部手稿的全部或部分内容，并提供了无数宝贵的建议，使手稿得到了改进。其中，给我帮助最大的是丹·惠特尼、约翰·博德曼（John Boardman）、尼廷·乔格莱卡尔、吉姆·穆尔（Jim Moore）、彼得·森奇（Peter Senge）、史蒂夫·弗里曼（Steve Freeman）、沙伦·诺瓦克、杰弗里·帕克（Geoffrey Parker）、乔治·吉尔博伊（George Gilboy），以及1998年LFM项目的全体学员。

除了学生、同事和导师的丰富贡献以外，麻省理工学院的后勤人员也给予了大力支持。他们提供的帮助远超办公室后勤工作的范畴，我特别要感谢安娜·皮科洛（Anna Piccolo）和吉娜·米尔顿（Gina Milton）。

把丰富的研究成果和思想提炼成一本连贯的书（我的第一本书）是一个漫长且复杂的过程，而我在此前严重低估了这一过程的难度。非常感谢唐娜·卡彭特（Donna Carpenter）和波士顿 Wordworks 公司的全体员工——克里斯蒂娜·布朗（Christina Braun）、莫里斯·科伊尔（Maurice Coyle）、弗雷德·迪伦（Fred Dillen）、埃里克·汉森（Erik Hansen）、苏珊娜·凯彻姆（Susannah Ketchum）、玛莎·劳勒（Martha Lawler）、托尼·波尔切利（Toni Porcelli）、索尔·维斯尼亚（Saul Wisnia）和巴顿·赖特（G. Patton Wright）——他们不仅帮助我思考如何将一堆杂乱无章的思想组织成一本书，还反复编辑我那些有时略显呆板的文字，最终打造出了一本我希望读者能够轻松阅读的手稿。同时，我也要感谢黛安娜·索耶（Diane Sawyer）和她的团队，她们为这本书准备了可直接用于印刷的校样。我的编辑尼克·菲利普森（Nick Philipson）以及他在珀耳修斯图书公司的同事们，在这一过程中给予了我极大的帮助和支持。同样值得一提的是海伦·里斯的贡献，她既是我的文学经纪人，也是这本书的"助产士"。

在感谢那些"智慧巨人"的同时，我在精神层面的感激之情同样深厚。我的父亲（愿他安息）和母亲以身作则，教会了我爱、荣誉、慷慨和尊重。他们还培养了我勇敢表达自我、坚守立场的信心。对于这些恩赐,我永远心怀感激。

我的岳父哈维(Harvey)和岳母罗斯林·沃尔夫(Roslyn Wolfe)把我视作亲子,我的兄弟皮特(Pete)和布鲁斯(Bruce)也一直陪伴在我身边,夫复何求?我的导师们——什穆埃尔·波斯纳(R. Shmuel Posner)、鲁文·科恩(R. Reuven Cohn)和格申·西格尔(R. Gershon Segal)都给予了我关于传承、社区以及如何成为一个正直的人的深刻教诲。我唯愿将来能像他们一样智慧且善良。

我还要感谢内德·哈洛韦尔(Ned Hallowell)大夫,他帮助我克服了注意力缺陷障碍。他提供了证据证明,尽管注意力缺陷障碍会带来持续的干扰,但人实际上还是可以完成一本书的撰写。他使我了解到,在这个高脉动速度的世界里,注意力缺陷障碍(以及伴随而来的追求新鲜事物的行为)实际上可以成为一种优势。

我的三个儿子,戴维(David)、史蒂维(Stevie)和雅各布(Jacob)教会我的生活知识远超我的想象,他们用实际经历诠释了混沌理论的意义。

最后,我最深切的感激之情属于我的妻子温迪(Wendy)。她对我的接纳和对我的梦想的支持,既非我所能赢得,又非任何补偿所能替代。这是一份我感激不尽、无法用言语完全表达的礼物。我只能以我的爱作为回报。

谢谢你,温迪!谨以此书献给你!

Clockspeed: Winning Industry Control in the Age of Temporary Advantage

By Charles Fine

Copyright © 1998 by Charles Fine

Published by arrangement with Taryn Fagerness Agency

through Bardon Chinese Creative Agency Limited.

Simplified Chinese version © 2025 China Renmin University Press.

All Rights Reserved.

图书在版编目（CIP）数据

脉动速度：短期优势时代的制胜法则 /（美）查尔斯·费恩著；徐凯歌译. -- 北京：中国人民大学出版社, 2025.6. --（数字经济前沿）. -- ISBN 978-7-300-33816-3
Ⅰ. F274
中国国家版本馆 CIP 数据核字第 2025BA4141 号

数字经济前沿
脉动速度：短期优势时代的制胜法则
查尔斯·费恩　著
徐凯歌　译
Maidong Sudu: Duanqi Youshi Shidai de Zhisheng Faze

出版发行	中国人民大学出版社		
社　　址	北京中关村大街 31 号	邮政编码	100080
电　　话	010-62511242（总编室）		010-62511770（质管部）
	010-82501766（邮购部）		010-62514148（门市部）
	010-62511173（发行公司）		010-62515275（盗版举报）
网　　址	http://www.crup.com.cn		
经　　销	新华书店		
印　　刷	天津中印联印务有限公司		
开　　本	890 mm×1240 mm　1/32	版　次	2025 年 6 月第 1 版
印　　张	9.5 插页 1	印　次	2025 年 6 月第 1 次印刷
字　　数	173 000	定　价	79.00 元

版权所有　侵权必究　印装差错　负责调换